홍산 문화

「 홍산옥

그 찬란했던 신석기

새로운 세계사로

거듭나다… 」

홍산 문화

초판인쇄 | 2020년 8월17일
초판발행 | 2020년 8월17일

지은이 | 전인철
발 행 인 | 이웅현
발 행 처 | 부카

주 소 | 대구광역시 달서구 달서구 월서로 14 102 / 503
전 화 | 1577-1912 팩 스 053.639.1912
등록번호 | 제25100-2016-12호
메 일 | bookaa@hanmail.net

저작권자와의 협의에 의하여 검인을 생략합니다.
이 책은 저작권법에 따라 보호를 받는 저작물이므로 무단복제 및 무단전제를 금지합니다.

정가 15,000원
ISBN 979-11-89045-37-1   03810

인류한국문화의 시원
홍산 문화 와 함께한
전인철의 시상

책을 내며

우리는 끝없는 배신과 실망의 카테고리 속에서 허기의 삶을 살아가고 있다. 언제나 마음 한 켠에 도사린 허기로 인해 상실의 시대를 살아가는 인간들 이웃과 스스로 마음에 담을 쌓고 살아가는 사람들 그 속에 쑥쑥 자라나는 상실의 허기 속에서 인간은 고뇌와 성찰의 아픔을 통감할 수밖에 없다.

나는 모든 것이 화폐형태로 가치형태가 이뤄지는 변태적 자본주의가 싫다. 그러나 우리가 살아가는 지상의 모든 형태는 화폐가치에 따라 다른 대접을 받고 있다는 안타까운 현실을 부인 할 수 없다. 모든 인격, 모든 사랑마저도 통장에 찍힌 동그라미 숫자만큼만 대접받는 세상이기 때문이다. 그런 의미에서 천문학적인 홍산 유물의 가치는 어마 무시해야 된다고 본다.

우리의 역사, 우리의 예술
우리가 꼭 지켜내야 할 하늘 같은 정신줄이기 때문이다. 이것이 미력한 내가 감히 홍산 문화에 대해 집필을 하게 된 동기부여다. 하지만 어마어마한 역사성을 지닌 홍산 문화 집필에 있어 비전문가수준의 미흡한 이론으로 인한 중량감이 큰 걸림돌이었다. 많은 고심 끝에 여러 학자들의 땀내 나는 이론서를 탐독해 보았지만 딱히 진액을 뽑아낼 능력이 내겐 미흡하여 부끄러운 시집 한권을 더했다.

우리 문화 찾기 운동에 적극 참여하고자 이 책을 썼다.

부디 세계인류문화유산인 홍산 유물이 제대로 된 대접을 받고 우리 배달 민족의 이름 앞에 더욱 빛나길 간절히 빈다. 특히 존경하는 영문학자이며 고고학자인 나유신의 역서 〈헤르만 파르칭거(뮌헨大석사박사, 선사시대 연구자)의 『인류는 어떻게 역사가 되었나.』〉와 〈안정전의 역주『환단 고기』(운초 계 연수 선생님이 찾아냄)〉을 읽었다. 선사시대에 깊은 영향을 받은 바 있으며, 또한 역사 바로잡기 차원에서 선구자적인 그들의 책을 일부 인용하였음을 감사하는 마음을 담아 밝히고자 한다.

책을 내며 … 4
프롤로그 … 9

1부

작은 새 … 20
넋두리 … 24
마운틴 오르가슴(잘 탄다) … 27
사랑의 미로 … 32
매미(환생) … 34
첫눈 … 36
마운틴 오르가슴(사내) … 39
별 … 43
자목련 … 46
개꿈 … 49
마운틴 오르가슴(길) … 52
마운틴 오르가슴(새를 얻은 사내) … 55
마운틴 오르가슴(밤안개) … 57
마운틴 오르가슴(이름지우기) … 61
바람의 집 … 64
마운틴 오르가슴(휴전선) … 68

차례

2부

마운틴 오르가슴(오끼도) … 74
어떤 악기 … 77
풍경(아름다운 이별) … 82
마운틴 오르가슴(품을 매며) … 86
까치집 … 90
마운틴 오르가슴(까치밥) … 93
풀을 뽑으며 … 96
마운틴 오르가슴(월유봉에서) … 98
마운틴 오르가슴(여행은 이별이다.) … 101

3부

마운틴 오르가슴(섬) … 106
노숙 … 109
길 … 112
길2 … 115
길3 … 118
낙화, 봄을 부른다. … 121
봄날, 칸쵸네 … 124
앵무새 … 127
노교수 … 130

3부

늦가을 … 134
발리연가 … 137
호숫가에서 … 139
나뭇잎 떨어지다. … 144
0시의 포장마차 … 147
사이공에서 … 150
낡은 앨범 속의 소녀 … 153
겨울산 … 155
잃어버린 시계 … 157
한강 … 160
나비 … 162
상지리에는 까치가 운다. … 165
문창시장 … 168
환원불가(진찰실 앞에서) … 172
목척교 … 174
적색 신호등 … 177
고향 … 180
샤워 … 183
몸살 … 185
흔적, 가을 … 188
바이러스 … 190
초겨울 풍경 … 192
정한수 … 194

프롤로그

 흉노와 몽골, 오르도스의 북방 초원 문화와 탁록, 북경지역의 홍산 문화가 모여서 황하 문명을 이뤘다고 말한 북경대 소병기 교수는 고대 중국의 북방에서 남방으로 전수된 문화 통로를 Y(와이)자 벨트로 명명하였다.
 홍산 문화는 발해연안 문명이다. 중국 만리장성 북동부에 존재하였던 중화인민공화국 네이멍구자치구 츠펑시와 랴오닝성 조양시 일대를 가리킨다.

홍산 문화는 우리들의 문화다. 또한 만리장성 북동부에 위치한 신석기 유적이며 5,000년 전 원시의 문화가 생생하게 재연된 발해연안의 문명이며 반도문화인 것이다.

중국인들에게 C룡은 옥문화에서 큰 의미를 가지며 한반도에서는 강원도 고성군 패총에서도 출토된 옥 귀걸이(7천 년 전)와 전남의 여수 안도리(6천 년 전) 등과 유사점이 매우 높은 고조선의 역사이며 위대한 반도의 문화이다. 중화인민공화국이 새족을 상징하는 동이 문화재를 접하면서 2002년~2005년까지 실시한 통일적 다민족 국가론에 입각한 공정연구의 일환이 동북공정의 시작이다. 따라서 우리는 요하문명을 발해연안문명 또는 배달조선문명이라고 명명해야 할 것이다.

C룡

인류 4대 문명(메소포타미아, 황하, 인더스, 이집트)을 1,000여년 앞선 인류문화의 시원을 조상으로 둔 우리가 중화 문명 탐원공정이니 동북공정이니 하는 이름으로 중화 문명 속으로 흡수된 용어 자체를 인정해서는 안 되는 것이다.

환국에서 온 수메르 문명은 진정한 서양 문명의 근원이다.
메소포타미아의 남쪽(지금의 이라크남쪽)에 기원전 5,500~기원전

4,000년 사이에 수메르 문명이 존재했었다지만 그 역시 동방의 문화에 근거한다.

6,000여 년 전 흔적이 쏟아져 나온 상형문자에 의하면 분명 서양문화의 근원은 수메르 문명으로 안산(하늘 산)이라는 천산산맥을 넘어 왔다고 하는데 상투문화 '천지사상'이 그에 근거한다. 상투문화는 인류 최초의 헤어스타일이자 확실한 동방 문화인 것이다.

천산산맥은 톈산산맥(탕그리토크)라고 부르며 지금의 키르키스스탄에 있는 산맥이다. 톈산산맥은 타림분지와 타클라마칸 사막의 북쪽경계를 이룬다. 또한 날카로운 봉우리와 빙하가 동쪽보다 서쪽이 월등히 많으며 길이가 2,000km, 너비가 400km에 이르는데 이 산맥에서 별 운석이라 부르는 신강옥(화전옥)이 나온다.

위로부터 400km까지는 허텐 산옥이라 부르며 700km까지는 강옥이라 부르는데 산옥은 거칠고 사이즈가 크며 강옥은 적고 단단하며 최고의 옥으로 여겨진다.

지금도 중국인들은 신장의 화전옥, 허난의 독산옥, 랴오닝의 수암옥 후베이의 녹송석과 함께 4대 명옥 중 신강옥을 세계 최고의 옥으로 인정해 주는 화전백옥을 양의 기름 같다 하여 양지옥이라 부른다. 특히 홍산 문화의 유물에는 이곳의 신강옥이 많이 사용

되었다.

티 없이 맑고 윤기가 흐르는 화전 양지옥을 예능성이 다분했던 고대인들은 특히 사랑했던 것 같다.

20년 전에 옥기를 많이 모은다는 소문을 듣고 찾아온 어느 네덜란드 인이 손톱보다 약간 큰 양지옥 한 점을 얼마냐고 묻기에 주고 싶은 만큼만 달라고 했더니 한참을 내 눈치만 봤다. 그리고 돈이 없으니 2,500달러만 드리면 안 되겠냐고 묻는것이다.

난 내심으로 깜짝 놀랐다.

'저 조그마한 것을? 2,500달러씩이나?!'

추호의 망설임도 없이 끄덕였더니 그는 나에게 2,500달러를 쥐어 주고는 한없이 고맙다며 인사했다. 자신은 소더비와 거래를 많이 하고 있으며 사무실은 홍콩에 있는데 주로 고대 옥기를 취급한다고 있으며 지금 생각해 보니 그것이 바로 춘추전국시대의 옥조각인 허텐양지옥이었다.

그 후 나는 그분 덕분에 홍산 유물을 더욱 많이 모으게 되었다. 당시 홍산 유물에 대한 가치를 전혀 몰랐던 나는 많은 레슨비를

치르고서야 고대 옥에 대한 지식과 확신에 대한 자부심을 가질
수 있었다.

13

1부

새와 인간

태생적으로 우리 고독한 인간들은 새소리에 열망했다.

아침이면 지붕과 담장을 넘나들며 우짖는 새소리를 듣는다. 담장너머 감나무에 앉아 부르는 끝없는 세레나데는 날아오를 수 없는 인간으로 하여금 새를 동경하게 만든다.

오늘날 우주선이 새로운 별을 찾아 떠나는 현상도 고대인들의 새에 대한 끝없는 동경이 있었기 때문이었을 것이다.

특히 환웅은 새 토템족 지도자이며 그 상징 새는 수리부엉이에 대한 이찬구 박사의 〈홍산 문화의 인류학적 조명〉에 대한 특강에서와 같이 그를 증명이라도 하듯 나에겐 수리부엉이 모양의 홍산 유물이 많다.

또한 이찬구 박사의 말대로

"1984년 발견된 우하량 여신상 옆에서는 새와 곰의 토템 형상이 발굴되는데 왜 새 형상의 소조상 유물이 나오게 되었는지 평소 궁금함을 가지게 되었고 5년 가까운 연구 과정을 통해 사마천 사지보다 오래된 문헌 산해경의 '웅즉낙'이라는 내용을 통해 환웅의 웅상은 수리부엉이라는 것을 알게 되었고 또한 환웅은 새 토템 부족이라는 것을 알게 되었다."

새조각상

이것이 바로 우리가 조이족임을 증명하는 것이다.

먼저 밝힌바 있듯이 홍산의 옥기들 중에는 많은 양의 새 형상의 소조상이 나와있다. 또한 고구려 주몽의 아들과 백제의 온조왕에 대한 난생설화에 근거해 보면 홍산 문화는 우리 고조선의 역사에 귀착된다는 사실이다. 또한 새는 인간처럼 집을 짓는다. 항상 야생과 문명의 경계지역에서 살고 있는 새, 그것은 우리 인간의 삶과 미래 사이에 깊은 연관을 짓고 있다.

코로나-19가 창궐하고 각종 질병이 난무하는 현세엔 반성해야 할 것들이 너무 많다. 이 모든 재앙들은 인간이 저지른 자연 파괴의 뒷모습일 뿐이며, 그림자인 것이다.

코로나-19만 해도 박쥐들의 삶이 인간의 자연환경파괴로 인한 본거지가 좁아지면서 생겨난 지구 대재앙인 것이다. 이대로 인간들이 쓰레기며 각종 만행을 자행하듯 자연을 파괴해 나간다면 지구의 미래는 없다. 고대인들은 미래에 대한 예견을 가지고 있었던 것일까?

새를 숭상하고 정성을 다하여 새를 모셨다.

필자 또한 고대 옥을 수집하면서 새 모양이 출현될 때마다 적잖은 흥분이 왔었다. 새 형상의 고대옥을 접할 때마다 해마로부터 좋은 엔드로핀이 치솟는 듯한 전율 같은 기쁨을 맛볼 수 있었다. 출산과 안식을 가져다주는 새집을 짓기 위해 새들을 제 가슴 털을 문질러 뽑아가며 보온을 위한 집을 짓는다. 인간 역시 안식처를 위하여 땀 흘려 일한다. 파충류인 새와 포유류인 인간 사이에 교감되는 삶이 어쩌면 같은 미래를 가진 생명체라는 공통점을 생각케 한다.

일본 현대시인 시바타 산키치의 시구에 이런 구절이 있다.

「흐르는 물의 슬픔이거나 바람을 기다리는 나뭇가지 끝
의 고독이거나..」

인간은 허공에 대한 고독이 내재해있다. 흐름에 대한 공포와 친근함이 함께한다. 아마도 인간은 어떤 공포로부터 보호받고 싶었고 자연스럽게 새의 이미지를 형상화시켰을 것이다.

가을 나뭇가지처럼 절벽에 매달린 나의 고독이 전신에 피어오르는 욕망의 그림자가 되어 소름처럼 빈가슴을 점령해 올 때쯤이였던가… "홍산 옥기"들은 내 가슴을 채워주는 벗이었으며 애인이 되어주었다. 그때 새 형상의 옥기를 보며 지은 시 한편 소개한다.

  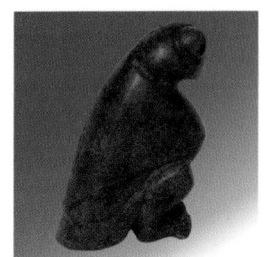

홍산새

작은 새

나는
한 마리
작은 새

마른 나뭇가지
끝에 앉아
허공 속에
우짖는 한 마리
작은 새

하늘 멀리
토하는
파도 소리가
참 곱다.

작은 소리에도
귀문 열어 반기는
그대의 바다에

어둠에 지친
가로등을 깨물며
천추의
파도가 치면

나
오늘도 훨훨
바다 내음 토해내는 한 마리 새가 되어
너를 손짓하련다.

바퀴도끼

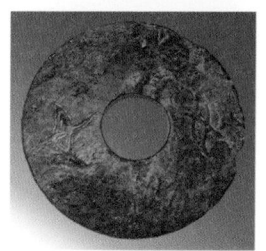

나는 돌(옥)칼을 많이 수집했는데 간석기의 돌칼은 한반도에서도 나왔다. 바퀴도끼, 톱니날도끼를 한반도에서도 볼 수 있다.

이들은 주로 고인돌이나 돌널무덤 같은 곳에서 발견되고 있다. 간혹 집터 같은 곳에서도 발견되는데 청동검과 함께 사용된 듯하다. 초기에 나온 것들은 실용의 기능이 다분해 보이나 후기의 가물들에서 보이는 좀 과장된 표현들의 형태로 보아서는 의제(제사용)로 사용된 듯하다. 사냥과 도축이후 농경사회를 거쳐 문자 발명에 이르는 인간의 역사엔 집단생활이라는 지배 계층과 그에 순응하는 집단민들의 노고가 스며든 결정체인 것이다.

선사시대의 원형초막이나 동초에서 인간은 좀 더 넓은(사각집구조물)공간을 선망해 왔다. 이 DNA가 오늘날 아파트 평수를 넓히는 욕망의 노예물로 전락된 삶을 갖게 된듯하다.

　나이 들면서 다시금 인간은 좁은 공간 속에 회귀하는 생활로 접어든다. 이것 또한 인간의 본능이며 오랜 세월 속에 맺어진 DNA의 대폭발인지도 모른다.

　홍산 옥기의 종류와 깊이는 실로 장대해서 그 종류와 숫자 등은 헤아릴 수 없다. 일반적으로 Y자형 옥, 옥고, 옥봉, 옥결, 옥패, 옥귀, 우신상, 옥인, 복잡형 구조의 옥모양 옥조, 신봉 등 헤아릴 수 없이 많은 예술성의 극치미를 안겨다 주는 신물들이 곧 홍산 유물인 것이다.

　이 신비의 유물들은 내몽고 깊숙한 지역의 현지인들이 농사일을 하거나 간혹 비가 내린 후 초원의 냇가 등에서 우연히 습득하여 신성시하여 온 것들이 대부분이다.

　홍산 문화를 대표하는 C룡옥 소의 형상을 지닌 태양신인 우신상등의 유물들을 가만히 살펴보자면 매우 정교하고 깊은 예술성이 느껴진다.

그 어디에 내어놓아도 현란한 조형미를 뽐낸다.

위대한 고대인!
그들의 창작능력은 뛰어났다.
예술의 미학적 감성은 툰드라의 아침햇살보다 더 강렬히 빛나서 감히 현대인이 범접할 수 없는 신비의 영역에 존재하고 있다.

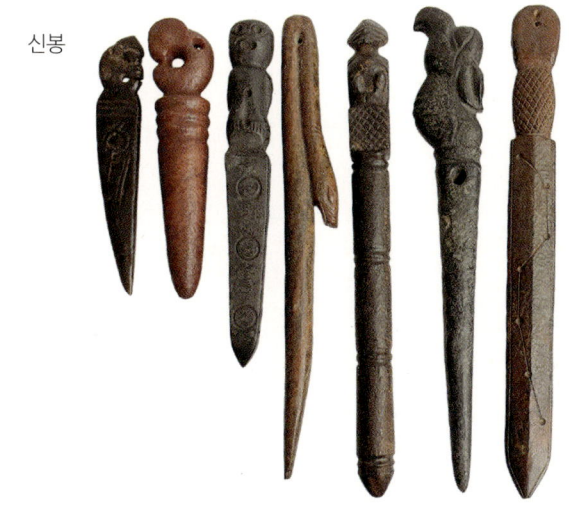

신봉

넋두리

전원의 바람은
슬픈 얼굴로 지구의를 돌린다.
태양은 밝게 웃는데
지구의는 멈춤 없이
슬픈 표정을 짓고 있을까?
전원의 바람은
타클라마칸 사막의
모래알을 날리며
웃고 있는데…
활짝 피어난 복사꽃 향기로
웃을 줄 모르는 사람은 어디인가!
백만 개의 사랑이 지구의 밖에서
봄을 기다리는데!

나는 천상 시인인가 보다.

영주에서 출토된 금동 당간용두(통일신라 8-9세기 높이 74.0cm)를 지켜보면서도 한 편의 시를 지었다.

못 말리는 D.N.A.

용은 중국의 상징이다. 비약과 존귀를 강조하는 중국인들이 열광하는 용은 인류가 창조한 상상의 동물이다.

그들이 좋아하는 용과 사자.

사자는 실존의 동물이다. 용과 사자는 그들에게 있어 수호신이다. 용이 뿜어내는 물은 힘과 선의 수호자임을 나타낸다. 용의 기원은 뱀의 몸통, 돼지머리, 사슴뿔, 물고기의 비늘 등 종합세트이다.

고대 토템의 숭배물의 변천이 만들어낸 길상의 동물이라 하겠다. 자금성 곳곳에 새겨진 용의 문양 자금성의 교각, 창문, 궁전 돌계단 곳곳에서 볼 수 있는 용은 존엄과 고귀한 위엄을 나타내는 황제의 상징물이 되었다. 반면 민간에서의 용은 기복을 비는 대상이었다. 중국인의 풍습과 전해오는 생활양식에서 볼 때 분명 용은 중국인의 전리품이라 하겠다.

하지만 중요한 태클을 걸어야겠다면 어찌하겠는가. 물론 용은 서양보다 동양의 전리품이다. 하지만 인류 최초의 문화가 되어가고 있는 홍산 유물에서 용의 단초가 시작되었고 용의 소조품들(C룡 등)이 홍산에서 쏟아졌다면 심각한 문제가 아닐 수 없을 것이다.

홍산의 위치가 그들의 문화라면 공화국의 중화사상을 기반으로 하는 중원 밖(만리장성) 320km이나 떨어진 곳에서 홍산(적봉)이 있다는 엄연한 사실이며 우리 발해로부터 160km밖에 안 떨어져 있다는 사실에 맞닥뜨릴 것이다.

어쩔 것인가? 중국은 이제 이 반도의 문화 세계 문명사에 길이 빛날 이름을 조금 바꿔서 인류 문화재라 칭해야할 것 같다. 또한 우리의 것이다.

한반도는 인류문명의 시원을 간직한 땅이기 때문이다.

마운틴 오르가슴 (잘 탄다)

고승의 입적은
혈류의 지하도에서
뿜어내는 화염이다.

지금도
갠지스 강가에서
죽은 사람의 뼛가루가
물처럼 흐르는가.

삶은 본시
포대자루에 담긴 장작개비인 것을

낡고 헐은 삭신이
불꽃을 이룬다.
잘 탄다.

나는 이하응, 흥선의 쇄국이 싫다.

그렇다고 중화의 입김에 빌붙어사는 건 더욱 싫다.

이토록 위대했던 선조들의 찬란했던 역사 어마 무시한 역사의 진실 앞에서 떳떳한 재판장이 되고 싶다. 다만 우리 것을 찾고자 하는 것이다.

나는 홍산 문화의 고옥에서 말해주는 역사의 진실 앞에서 고백할 수 있다. 위대한 문화의 그 찬란했던 문명의 발자취를 다시 세계인들에게 느끼게 해드리고 싶다는 소박한 욕망이 그것이다.

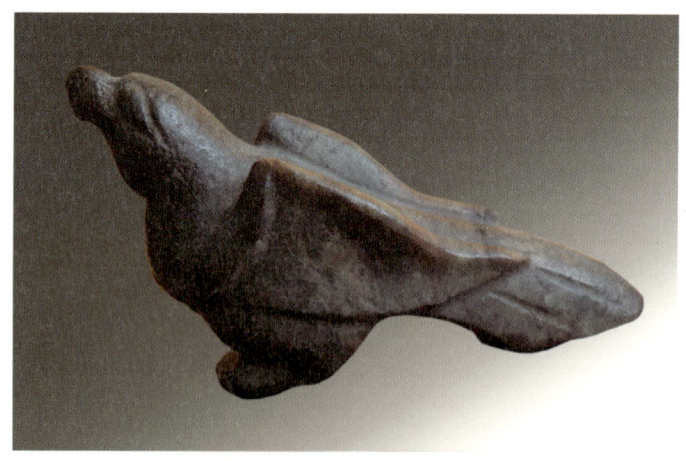

새복합기형

　5,500년 전 배달국에 녹도문자가 있었다는 〈환단 고기〉의 기록이 나왔다.
　새 모양 옥기에 양각된 부호문자들.
　이 부호 문자가 하남 성 평정산시에서 발굴된 약 3,100년 전 중국의 청동기 명문의 글자와 일치하며 갑골문자에도 포함되어 있다는 것이다.
　오른쪽의 맨 위 글자는 ○○글자와 유사하다.
　중국대륙의 대부분의 지명이 한민족 언어적 원형에 의해 붙여진 것이라고 한문학자 그리고 한글학자들은 말한다. 일리 있는 말이다. 소위 학교에서 역사를 하는 이들에게는 이게 무슨 소리냐 말

할 수도 있겠으나 실제 산동기수가 흐르는 옆에 배미산이 있는데 한자로 倍尾山이라고 쓰였다. 중국인들 발음으로는 죽었다 깨어나도 뜻 모를 산 이름 페이웨이샨이지만 한국인은 뱀산으로 금방 이해가 되는 산 이름이다. 이런 지명이 부지기수다. 그렇다면 그 고유지명을 누가 지었을까?

부월에 쓰인 글자

홍산 문명 출토유물에서 보이는 문자의 흔적들
 같은 시기의 홍산 출토 옥 속에 양각으로 새겨진 부호 문자들은 천부경에 갑골문자로도 나온다.

갑골문자에 나오는 문자들

갑골문자에 나오는 문자들

『이 글자는 무엇일까?
사람인人자다. 관련 있는 글자로 보지만 원형을 하늘로 해석한다니 신을 의미할 수도 있겠다.』

– 〈역사 복원신문 2011. 09. 30.실제 칼럼리스트〉에서 발췌

본 저자는 이렇게 진실을 탐구하기 위해서는 어느 종의 연구결과에도 서슴없이 인용하겠다.

이 또한 무엇이 진실을 찾아서 가는 길인지를 미래에 전하는 중차대한 사명이기 때문이다.

사랑의 미로

원형의 지축을
뒤흔들며 만나는 생명체들
모두가 한 이불로 뒤섞일 때
우주는 우리가 지향하는 기쁨을 비 뿌린다.

아하!
그거 였구나.
서로의 두 뺨에 흐르는 약속들
원형의 이불 속으로
숨 가쁘게 달아나는
비겁들…

　고대 황제가 쓰던 모자나 우리나라 왕들의 모자를 보면 매미의 날개를 닮았다 하여 익선관이라 칭했다.

　매미는 왜 17년을 땅속에서 기다릴까?
　그것은 한 달간의 달콤한 사랑을 나눠 종족을 번식하기 위해서다. 17년마다 혹은 5년마다 주기를 지켜 태어나는 매미 떼 그리고 그 인고의 시간을 단 한 달간의 사랑을 위하여 기다릴 줄 아는 신의와 깨끗한 삶을 인간도 닮으라는 뜻에서 황제는 익선관을 썼을 것이다.

매미 (환생)

새의 깃털보다
가볍게 날아가는 우정
우주 밖으로 날아간
시신의 행렬
길기도 하다.
환생의 미이라가 되어버린 그녀
지축을 뒤흔들며 동굴에 갇혔다.
내면 깊숙한 바람이 분다.
알 수 없는 기억의 조합 속에서
꿈틀대던 고뇌의 틀
고뇌의 틀이 깨어진다.
오 마이 갓!
간질대는 기억의
창틀 너머로
매미가 운다!

요하공정은 중국 동북부 요하지역의 역사와 현황에 관련하여 제시된 공정의 하나로 정식 명칭은 2003년 6월부터의 중화 문명 탐원 공정이며 일명 뿌리 찾기 운동을 말한다.
　중국은 황하 문명보다 빠른 요하문명을 중화 문명의 뿌리로 규정하고 있다.

『개요
　1983년에 랴오닝성 징위안시에서 젠핑현에 걸친 넓은 범위에서 발견된 뉴우허량Niuheliang 유적에서는 기존의 홍산 문화와 다른 거대한 제사시설이 발견되었다.
　유적은 5㎢의 넓은 범위에 돌을 쌓아 만들어진 분묘나 제단이 정연하게 분포하고 있다. 또한 돌마루와 채색한 벽이 있던 신전이 발견되었고 눈을 비취로 만든 여성 두상 도자기가 발견되어 '여신묘'라고 불렸다.』

- 〈인터넷〉 출처

첫눈

눈 온다.
첫눈 온다.
스믈 언저리
그 가시나
함박눈,

자욱 자국
꽃신 신고
얼음 더미 전선으로
면회 왔던
바로 그 숙맥
가시나
맨 발걸음으로 뛰어가
부둥켜 껴안던,

눈 온다.
첫눈 온다.
나뭇가지
가시나가 내려앉았다.

우리가 홍산 유물을 인류 문명의 원형이라고 자신 있게 말 할 수 있는 것은 수없이 쏟아져 나온 홍산 옥기 중에서 특히 인장 부분이라 하겠다. 신석기 시대에 인장이 있었다는 것은 여러 의미를 내포하고 있는 것이다.

재산의 소유권과 집단의 약속이 지켜지고 있었다는 의미가 함축되어 있기 때문이다. 권력과 재산권의 의미인 도장의 역사가 이미 우리 선조들은 신석기부터 사용해 왔다는 사실이다.

우리가 생각하는 신석기와 구석기는 원시시대로 착각하기 쉽다. 옷도 입지 않고 원형의 초막이나 동굴 등지에서 단순한 수렵이나 어업 등으로 살아가던 삶의 조건이 열악했지만 자연의 풍성한 혜택 속에서 살아온 유인원 같은 생각에 머물렀을 것이다. 하지만 여기엔 속단하기 어려운 문제점들이 많다. 도구를 만든다는 것, 또한 토기도 아닌 옥을 소조하여 극찬의 예술성을 표출했다는 사실이 놀랍다. 또한 깊은 영성이 유물 곳곳에 남아있다는 것 수 많은 문화를 꽃 피우기 전까지는 수많은 시간의 노력이 쌓여야만 된다.

분업의 시간이 길어야 하고 또한 커뮤니케이션과 계급이 존재해야 된다는 사실이다.

이리와 하이에나와 같은 들짐승들의 세계에도 정확한 위계질서와 명령계통이 존재한다.

  하물며 지능이 발달한 인간의 세계야 오죽하겠는가. 하지만 이런 모든 것들이 체계화 될 때까지는 수없이 많은 시간이 흘렀을 것이며 구체화 된 증거물이 바로 홍산의 인장들인 것이다.

홍산문화의 유물 -인장들-

마운틴 오르가슴 (사내)

아득하고 캄캄한 원시
우직스런 사내가 있다.
온통 산에 미쳐
산 속으로 들어가더니
독 오른 활화산이 되었나.
붉은 체액 쏟아내어
금강 땅 남북 백여 리
일만 이천 두껀 비늘 깔아
각을 뜬 듯
기세찬 산을 낳았다.

상투 문화

고대단군시절(5,300년 전) 이미 편발개수가 있었다.

적봉시에서 발견된 흑룡와 문화에서 토기로 된 남신상이 발견되었는데 입모양이 마치 주문을 외는 모습(혹은 휘파람을 부는 모습)이며 두 손을 가지런히 모으고 있는 마치 수행자를 연상케 하는 모습이었다.

물론 여신상도 발견되었는데 명상을 하는 자세였다.

흙을 구워 만든 주 신상을 보더라도 명상 문화가 존재했다는 근거가 될 수 있겠다.

삼국유사에도 사람 모습의 웅녀가 신단수 아래서 주원 유인(아이를 바라는)주문이 있었다고 했다. 고대인들의 정신 문화(영성 문화)가 존재했음을 알 수 있겠다.

또한 상투 문화는 환단 고기를 통하여 반도문화임을 알 수 있는 것이다. 그러므로 홍산 문화에 무수히 쏟아져 나오는 상투 문화에 근거를 둔 옥기들은 홍산문화가 우리문화임을 여실히 증명해

주고 있는 것이다.

 이미 700만 년 전 '사헬란트로푸스차덴시스'라는 유인원이 있었다.

 나유신 교수의 역서 〈인류는 어떻게 역사가 되었나〉에서 야코프 부르크 하르트가「세계사적고찰」에서 했던 다음의 말은 시간이 지날수록 분명한 사실로 입증되고 있다.

 "우리가 증명 할 수 있는 시초라고 생각하는 것은 사실 매우 긴 시간이 지난 후의 상태다."

 현재 널리 퍼져있는 기존의 시각을 따라 '역사'란 문자와 함께 비로소 시작되는 것이라고 본다면 이는 역사의 관점에서 뿐만 아니라 문자의 관점에서도 자의적인 해석이라 할 수 있다.

 이는 원시시대의 실제적 문화, 역사적 조건, 경제적 발전, 사회 정치적 과장과 부합하지 않는 것이다. 인간이 무엇인가를 생산해 낸다는 것은 이미 자신이 운명의 주인이 되어 역사를 만들고 있다는 것을 의미한다.

 그렇기 때문에 원시시대 조상들의 삶과 시간에서 역사성의 지위를 부정하고 '선사'라고 폄하하는 것은 잘못된 일이다.

 이와 함께 올바른 역사 인식을 위해서는 수천 년, 수만 년 전의 시대에 접근 가능하게 해주는 유일한 자료인 유형 유산을 올바르게 읽어 내는 특별한 방법이 필요하다. 앞에서 말했듯이 홍산 문화를 잇고 인류 문명의 원형을 파악하는 것에는 어떻게 하든 홍산 유물들에 대한 구체적이고 초과학적인 모든 방법들이 체계적으로 연구되어야 할 것이다. 이토록 위대한 인류문명의 찬란한 유물들이 한낮 시장바닥에 혹은 일부 상인들의 손에 머물게 해서는 결코 안 된다는 것이다.

지금 많은 홍산 옥기들이 유랑물건이 되어 지구상의 어느 부분에서 헤매고 있다는 비통한 사실은 냉엄한 현실인 것이다.
우리들의 신석기는 단순한 신석기의 혁명이 아니다. 이미 수천 년 수만 년 전으로부터 인류가 지구상에 존재하면서 식용식물을 재배하거나 가축을 사육하면서부터 서서히 진행되어온 것이 복합사회(Komplexe Gesellschaft)로의 진출과 함께 자연스럽게 생겨난 것이다. 그것이 수만 년이 지나면서 자연히 이루어진 것 이것이 곧 홍산 문화인 것이다.

별

귀청을 세워 놓고
하늘을 본다.
못다 한 지상의 속삭임
밤하늘에 머물다
달빛을 타고 강물에 내린다.
탁구공 인생이
손에 잡히지 않는다.
하늘로 가면
영혼을 찢어
생을 꽃 피울 수 있을까
강물에 젖은
별 하나
죽음과 만나고 있다.

나에게 관건의 세계를 열어준 유물이 있다. 그것은 당연히 홍산 기물인데 더욱 놀라운 사실들이 내 가슴에 뇌성벽력을 칠 때가 있다.

이 유물들이 바로 발해연안 문명이며 환단 고기라는 사실들이다. 단순한 석기(옥기) 한 점에 의지해 초원에 저항하며 살아가던 저 먼 과거의 조상들이 이뤄낸 찬란한 문명의 원형들이 바로 내 조상이었다는 새로운 사실이 얼마나 놀라운 현실인가.

또한 우리 인류의 문명을 낳은 문명의 시원이 우리 문화 역사인 동시에 자산이라는데 경악을 금치 못할 것이다.

중화가 무시해 온 동이족 한반도의 곳곳에서 발견되는 영성문화의 발자취는 의미 깊게 되새겨 볼만하다. 매우 도식적이고 뚜렷한 우상의 흔적들과 매우 기하학적인 소조의 형상들이 보여주는 성스러움은 현대의 전문가들도 감히 흉내낼 수 없는 경지에 이르렀다.

아무런 기계나 아무런 도구도 없던 시절에 그 단단한 옥을 어떻게 무슨 방법으로 연마했으며 그 아름다움을 구상했을까? 전문 인력이 대를 이어 제작하지 않았다면 상상하기 어려운 여러 정황들로 미루어 볼 때 이미 신석기엔 조직적인 통치가 이루어진 시

점 일거라는 추측이 나올 수밖에 없다. 그렇다 치더라도 그 단단한 옥 덩어리를 한방에 관통한 듯 뚫어버린 흔적을 설명하기엔 다소 무리가 따른다. 그때 이미 레이저가 나온 것도 아니라면 과연 일부 학자들이 주장하는 우주인설은 사실일까? 그들의 우주인설을 그냥 외면해 버리기엔 설명할 수 없는 신기한 의문들이 많다.

홍산 유물들은 그런 의미에서 쉽게 납득하기 어려운 난제들을 끌어안고 세상에 나왔다.

초원의 계곡에서 혹은 폭우 속에서 그들은 세상 밖으로 삐죽삐죽 새순처럼 터져 나왔다.

자목련

어릴 적
이웃집 순이와 함께 보았던
목련나무야
가슴속 옹이를 허공에 불태워
무엇을 기도 하는가
세월의 가지 끝에 스쳐간
이별의 파편들을 주워 담으며
만송이 꽃으로도 모자라
가지마다 들큰한
초경을 터트리는가
두꺼운 내면에 흐드러진
열화 속으로 스물 스물 다가오던
푸른 기억들은 사라지고
열여덟 수줍던 기억 속
떠나지 못하는
얼음 속
나를 보듯 피었구나.

홍산 유물의 특징 중 하나는 순수예술을 가득 담고 있다는 사실이다. 툰드라의 아침이슬보다 영롱한 빛을 머금은 영혼의 메아리가 소모품 하나하나에 절여진 듯 남아있다는 엄연한 사실이다.

지극히 일상적이고 단순한 생활적인 요소가 보이다가도 엄청난 순수 예술의 극치미를 떠올리는 작품 하나하나에서 고대인의 깊은 통찰력과 예능성에 경악을 금치 못한다.

남녀 교합상을 보면 섬뜩한 예능성을 절감할 수밖에 없다.

그 이유는 한없는 판타지아를 담은 표정에 있다. 그 누구도 흉내 낼 수 없을 것만 같은 환희에 찬 표정들이 남녀 교합상에는 뿌리 깊게 박혀있다.

그들은 수대에 내려오는 장인들의 전수에 의해서 극한의 경지로 발전해왔을 것이다. 지극히 자연스럽게 표현된 성묘사가 인구밀도가 지극히 적었던 고대에는 꼭 필요한 부분이었을 것이다. 다남에 대한 영성의 의미와 깊은 샤먼적 의미가 잘 조합된 성의 묘사가 무슨 문제란 말인가.

오늘날 터무니없는 에로시티즘에 대한 편견 같은 것은 아예 가당치도 않은 우려였을 것이다.

감히 상상할 수 없는 소조의 아름다움에 오랜 세월이 빚어낸 친써현상이 가져다 준 '더 에로티카 오브 더 동이(The erotica of the dongyi)문화'는 실로 지구상에서 두 번 다시는 만날 수 없는 극한의 예술품일 것이다.

개꿈

동네에서 뚝 떨어진
날망집,
곧잘 두 눈 부릅뜨고
개들의 기를 꺾어 놓는
덥석부리 개장수 김씨 홀로 산다.
마악 도착한 트럭
철망속
어디서 잡혀 왔는지
거대한 황구 백구
꼬리 내리고 누워 있다.
고깃덩이로 팔려 갈
팔자를 아는 양
두 눈은 허공에 떠 있다.
힘없이 앞발 위에 턱을 괴고
두 눈을 감아 버린 황구 백구 흑구
저들의 궁핍한 삶이 끝나려나?
푸른 들녘 달리는
정든 꼬마의 걸음걸이를 졸졸 따르던

2014년 3월

이금화 선생의 『흑피옥(요하문명 범 홍산 문화 옥기 유물)』이란 책을 읽고 아쉬움을 느끼며 이 책을 쓰게 되었다.

이금화 선생의 책엔 대단히 훌륭한 자료들에 대한 흔적들이 돋보이는 걸작이었으나 조금 아쉬움이 남는다면 좀 더 자세한 스토리텔링이었다. 기물에 대한 배경을 좀 더 개별적으로 설명되었으면 초보자에게 다가오는 감흥이 더 진지하게 다가올 수 있지 않았을까하는 생각이 들었다.

환국에서 신시(배달국)에서 단군조선 그리고 북부여로 내려오는 역사 이야기들이 좀 더 소상했으면 싶었다. 물론 나는 더 자세히 쓸 능력도 자료도 없다. 소하서부터 하가점문화(B.C.2,000년)에 이르는 기나긴 역사의 바다에 던져진 진귀한 기물들이 정말 대단한 기쁨을 준 건 사실이다. 그리고 정건재 교수의 〈Jade Culture of the Dongyi 東夷〉도 읽어보았다. 정말 소상히 준비하신 내용들이었지만 영문과 중국어로 된 이 책은 내게 그림의 떡이었다.

그런저런 이유로 이 책을 쓰기로 마음먹었지만 이제와 생각하니 더욱 깊고 어려움이 쌓였다. 막상 책을 쓰려니, 자료의 빈곤이 창문을 타고와 허기의 문을 두드린다. 난 이금화 선생과의 첫 만남을 떠올렸다. 정건재 박사와 북경에 갔던 일과 옥천 고궁 갤러리에 정박사가 한번 방문해 준 기억밖에 없지만 그들의 대단한 내공에 실로 감탄할 수밖에 없었다. 물론 그들은 이 분야에 전문가이고 난 단순한 컬렉터에 불과한 사람이었기 때문일 것이다. 그러나 그들에게 고마움이 있다면 나에게 책을 쓰게 된 동기 부여를 주었다는 새삼스러움 일 것이다. 사람은 사람을 잘 만나야 된다고 했다. 그들과의 단순했던 조우가 오늘 이렇게 대단한 길을 걷게 된 동기가 될 줄 그 누가 알았겠는가.

이제 와 생각해보면 홍산 유물을 컬렉터한다는 일은 참으로 벅찬 여정이었다.
故 김희용 선생과의 조우와 박 이사님의 조우 또한 우연이 아니었다. 만남은 본시 우연이 아니라 하지 않던가?

故 김희용 씨 역시 동경의 도리히 유조 님을 만나지 않았던들 불행한 삶을 살다가 가지는 않았을 것이다. 그의 삶은 자의든 타의든 애국지사와 같이 투사의 길을 걷다 갔다. 중국과 수교가 있기 전 인사동에서 골동품상이었고 그 당시 돈 40억이면 충분히 풍요

마운틴 오르가슴 (길)

말 같은 사내와
여우 같은 모든 사람에게
길을 터주는
신촌 뒷골목
봉원사 오르는 샛길 있다.
길게 늘어선 숲의 알몸과
등줄기를 타고 내리는
한 방울의 이슬 속에
지난날의 나무를 내리고
나는 외롭다 이길
아름다워 너무 눈부셔
몸을 제대로 가누지 못하고
살았던, 밤낮없이
서치라이트를 받으며
혀끝에 감도는
찬 샘을 찾아
나는 길에서 아이를 얻었다.

로운 여생을 마칠 수 있는 돈이었다. 골동품상으로 그 돈을 모은 故김희용 씨는 만족할 줄 몰랐다. 강한 의욕으로 일본에 자주 건너가 골동품을 사들일 때였다. 우연히 마주친 백발의 노인 한 분이 그에게 아쉬움을 토했다.

"내가 태평양 전쟁에 패해서 귀국하지만 않았다면 세계사가 뒤바뀔 연구를 마쳤을 텐데…"

 아쉬움의 말에 귀문을 연 故 김희용 씨가 그에게 의문을 가지게 되었다.

 그가 바로 일본의 극우 고고학자 도리히 유조씨다.

 그가 말했다.

"내가 말이야. 중국에 있을 때 연구하다가 아쉽게 귀국한 물건이 하나 있어. 까맣게 생긴 돌덩이 조각상인데 아마… 그것을 계속 연구했다면 세계사가 바뀌었을 거야."

 이 말 한마디에 그는 홍콩을 경유해서 중국으로 들어갔다. 그의 말대로 故 김희용 씨는 중국을 전부 뒤져서 검은 돌 조각상 하나를 찾아냈다. 그는 급히 일본으로 들어가 도리히 유조를 만났다.

 그는 '맞다'는 유조의 말에 감격했다. 그로부터 수년간 故 김희용 씨는 유물을 찾아 나섰다. 그러나 쉽게 나타나지 않는 유물이었다.

그도 그럴 것이 그 유물은 초원의 깊숙한 냇가에서 발견된 신물이라 하여 쉽게 내어놓거나 습득 장소를 알려주지 않았다. 그러나 그는 결코 밝혀지지 않은 문명의 대서사시를 포기할 수 없었다. 그는 이미 단순한 골동품상이 아니었다. 드디어 그는 검은 돌의 출토지를 발견하고 말았다. 그땐 이미 많은 유물을 사들인 후였다. 그러나 이미 그는 전 재산을 탕진하고 있었다. 720회의 비행기를 탔고 원주민을 설득하며 초원을 누빈 대가는 참담했다.

마운틴 오르가슴 (새를 얻은 사내)

그 남자의 고공비행이 눈부시다.
허공의 구도 속에서
독수리떼 생각하는가.
겨울 가고
봄, 여름, 가을
다시 겨울 등지고
바람 속으로 날아가
사랑의 원시를 본다.
창공을 빙빙 돌던
새떼의 환상
그 옆에 하늘이 내려와 앉는다.
허공에 몸을 던져
새를 얻은 사내
숨은 영혼이
바람을 흔들고 있다.

생활은 점점 피폐해져 갔고 수중에 남은 돈은 아무것도 없었다. 오직 남은 건 방치되다시피 쌓여있는 검은 돌덩이들뿐이었다. 그는 지인들에게 사정사정해가며 판매를 원했지만 돈을 잃은 그에게 세상은 냉담할 수밖에 없었다. 그때만 해도 홍산 유물에 대한 아무런 지식이 없던 때였기에 더욱 난감한 현실이 그의 삶의 정수리를 아프게 했다. 그때 마침 구세주처럼 나타난 박문원 원장은 이미 그의 형과 함께 "창조의 아침" 이라는 미술학원을 성공적으로 이룩한 때였기에 미술감각이 뛰어났던 그는 故 김희용 씨의 돈독한 후견이 된 셈이었다.

마운틴 오르가슴 (밤안개)

팟퐁의 뒷골목
야생화 보듯 그녀를 본다.
누군가에 꺾여
자신도 모르게 시들어가는
무대에 어둠이 덮이면
골목마다 철없는 흥정이 소문처럼 나돈다.
추녀 끝에 매 달린 홍등가
늦은 저녁식사 마치고
꽃의 오르가슴을 찾아
마음의 고도를 높이고
밤에 취한 말들을 생각한다.
하늘에 떠있는 불멸의 별에서부터
발아래 놓인
태양의 신전, 부풀어 오르던
꽃의 열매를
밤이면 안개를 밀고
팟퐁의 뒷골목을 찾는다.

박문원 원장은 이 신비한 예술품들을 앞뒤 가릴 것 없이 마구 사들였다. 학술세미나도 열고 이금화 씨와 책도 내고 사회적으로 유명인이 되어가고 있었다. 그때는 이미 故 김희용 씨는 중국 내몽고 박물관과 유물 공동 발굴을 시도하고 있었다.

그러나 그때 마침 유물 발굴 현장에 이변이 일어나고 말았다.

8,000년 전의 인골이 함께 출토된 것이다. 그러나 내몽고 박물관 측은 즉시 군대를 주둔시키고 발굴지를 덮어버렸다. 한국에 쫓겨온 故 김희용 씨는 억울함을 동아일보에 전면광고 형식으로 두 번씩이나 게재했지만 중국 정부와의 싸움은 중과부족으로 계란으로 바위를 치는 일과 같았다.

결국 그는 얼마 전 홧병에 고인이 되었고 박문원 원장 역시 수백억원의 유물을 사들였으나 중국 정부의 냉랭한 태도에 몸살을 앓고 있다. 그도 그럴 것이 점점 드러나는 환단 고기의 정체가 중국을 침묵 속에 가뒀다. 결코 인정하지 않으면서도 그들은 C룡을 보면서 회심의 미소를 짓고 있을 것이다.

중화의 핵심 용 문화는 자기네 문화라는 것이다. 그러나 분명한 사실은 홍산 문화의 발굴 현장 위치가 중국보다 발해에 가깝다는 것이다.

나 역시 수백억의 가산을 쏟아부은 관계로 인간으로서 누려야할 품위 유지에 적잖은 어려움을 느낀다.

이것이 삶의 법칙인가? 그러나 후회하지 않는 것은 누군가는 지켜야 할 우리의 위대한 유산이고 내 자신이 흠뻑 사랑한 물건이기에 한 점 한 점이 새롭고 흥미롭다.

앞으로 얼마나 더 많은 시간을 기다림으로 보내야 할지는 몰라도 이제 어느덧 세상이 이 물건의 진실함과 필요함을 인식할 때가 온 것은 아닐까 하는 기대감이 적지 않다. 분명한 것은 그렇게 자부심 많은 유럽의 학자들마저 동이 문명에 대한 깊고 진지한 역사상 앞에 고개 숙이고 있다는 사실이다.

참담한 내일이 있다 해도 지켜야할 영성의 독립이 이 유물을 지상에 새롭게 내어놓고 갈 사람의 몫으로 남는 일이다. 그런 의미에서 나는 故 김희용, 박문원 원장, 이금화 선생, 정건재 박사, 강상원 교수님 등을 정신적 지주로 삼고 있었다.

우리 한민족의 뿌리를 지키는 이들이기 때문이다. 사회적, 시대적 배경이 어떤 환경에 놓이더라도 우리가 꼭 지켜야할 것은 문명이라는 이름이다.

 인간의 최고 정점에서 만나는 이름은 결국 문화와 문명의 이름이기 때문인 것이다. 그런데 참으로 한심한 사람이 있다. 그건 아직도 이 신성한 유물을 근거 없이 모독하는 이들, 이 위대한 물증적 진실 앞에서 감히 진위여부를 따지며 부정적 견해를 밝히는 자기 이익만 사리는 소위 장사치들인 것이다. 엽전 몇 푼에 양심을 파는 영원한 엽전들이 싫다고 나는 말하고 싶다.

 아리스토텔레스가 말하길 모방은 제 2의 창작이라고 말한바 있듯이, 모방이라면 그것도 예술인데 전혀 그렇지 않다는데 문제가 있는 것이다.
 어떻게 중국 사람들은 그렇게 많은 모방품을 만들어 낼 수 있을까 적반하장도 유분수지 말도 안 되는 소리로 문화의 이름을 더럽히는 종이 이 지구상에서 말끔히 청소되어야 할 때가 온 것 같다. 더 이상 이런 사이비들이 발붙일 언덕을 방치해선 안 될 일이다.

마운틴 오르가슴 (이름지우기)

오끼도와 움도를 사이에 둔 삼각지대
신길리에 가면
파도를 힘껏 때리는 사내가 있다.
독한 우수의 달빛을 마시며
콰앙 쾅 울어대는 파도
구멍 숭숭 뚫린 바위 사이로
꾸룩 꾸르륵 갈매기가 섬을 부르는
기억의 현현속으로
발작처럼 일어서는 시간의 부식
만남도 아니고
이별도 아닌 추억에 기댄
비겁한 화상일 뿐인데
허나,
지우면 지울수록 커지는
그 이름 하나
질펀한 사랑이 오래전부터
신길리에 있었다.

『과거 일본은 한국사를 왜곡시켰다.

단군조선(B.C. 2333년)-기자조선(B.C. 12세기 말)-위만조선(B.C. 194년)-한사군(B.C. 108년; 한무제가 위만조선을 멸하고 설치하였다는 북한 지역의 중국 식민지 4개 군) 단군조선-기자조선-위만조선-한사군

이렇게 중국과 일본은 환국과 배달의 실존을 인정치 않고 B.C. 2333년에 단군왕검에 의해 시작된 고조선도 인정치 않는다.
130년에 걸친 이라크 지역의 유적발굴을 통해 서양문명의 뿌리인 수메르문명이 세상에 드러난 것에 필적하는 20세기 동북아 최대의 발굴사건이 있다. 요서지역(발해연안지역)의 신석기 청동기 문화발굴이 바로 그것이다.

프랑스인 에밀리쌍이 1922년부터 1924년 사이에 내몽골 적봉지역에서 신석기 유적지 22곳을 발견한 이래 21세기인 지금까지도 발굴이 계속 진행되고 있다.
요서에서 발견된 가장 오랜 신석기 문화는 8,500년 전까지 거슬러 올라가는 소하서 문화이다. 현지인조차 길을 찾지 못하는 오지에 위치한 소하서 유적은 당국의 문화재 신고 정책에 따라 주민

이 신고함으로써 세상에 알려졌다.

중국은 이 문화를 '인류 최고의 신석기 문화'라고 규정하였다.

그런데 소하서 유적은 7000~8000년 전에 만들어진 발해연안 빗살무늬토기와 그 연대가 일치한다.

발해연안 빗살무늬토기와 같은 계통이다. 이것은 소하서 문명의 주인공과 동방 한민족의 강한 연관성을 보여준다. 요서의 여러 신석기 문화 가운데 홍산 문화는 세간의 가장 뜨거운 관심을 끌었다. 요령성 조양시 건평현과 능원현의 접경 지역에서 번창했던 홍산 문화는 신석기 말의 문화를 '석기와 청동기를 섞어 사용한 B.C.4700~B.C.2900년경의 문명' 이다.』

— 안정전의역주 『환단고기』 중에서

바람의 집

섬과 섬을 떠돌다
도선장 내릴 때
머리칼 스치는 바람이
행여 그대의 숨결이었나
선창에 묵는 밤
유행가 몇 소절에
눈물을 비치는
중늙은이 사내 하나
저켠
소나무 물끄러미 보고 있다.
살아온 날들의 연대기가
얼룩진 선창가
바람의 집에는
집으로 들지 못하는
하얀 영혼이 있다.

9000년 전 이미 우리들의 조상은 홍산 유물 속에다 인류 원형문화의 원전인 인류 창세사를 기록해 놓았다. 이것이 곧 우리가 당당하게 말할 수 있는 환단 고기의 실체인 것이다.

  동남부 유럽의 동기시대에 중요했던 광물은 구리와 금이었고, 이 광물을 시굴, 채굴, 제련, 가공하는데 노동분업과 특수한 기술 지식의 전승은 필수적인 전제조건이었다. 이곳에서 구리로 만든 작은 물건들이 처음 나타난 것은 이미 신석기 초기였다.

  이 물건에 사용된 것은 공작석이었는데 녹색빛깔 때문에 아주 특별한 광물로 여겨졌고 그래서 인기도 좋았던 것 같다. 공작석은 색을 띈 광물로서 채굴 이후 녹이는 과정 없이 망치로 두들겨 구슬이나 다른 작은 생활용품으로 가공되었다. 이렇게 구리를 활용하는 방식은 진짜 야금술과는 전혀 무관한 것이다. 진정한 변화는 기원전 4000년대에 이르러서야 일어나게 된다.

  마리차 문화후기, 트라키아의 스타라자고라지역의 아이부나르에서 발견된 채굴장과 번차문화토기에서 후기의 이행기로 추정되는 시기, 철문협곡 근처에 있었던 광산이 루드나 글라바는 이미 기원전 4000년대 중반 경에 구리가 채굴되었음을 증명한다. 하지만 야금술의 개별 단계와 가공 방식에 대해서는 알려진 것이

많지 않다.

　기원전 4000년대 후반기인 동기시대 후기에는 코자데르멘, 구멜리차, 카라노보Ⅳ기, 바르나문화 등이 존재했다. 이 문화 시기에는 망치도끼, 손도끼, 끌등 구리로 만든 중량급 도구가 대량 출토 되었다. 이 도구들은 틀 두개로 주조되었음이 확실하며 금속 가공에 대한 발전된 지식 없이는 제작이 불가능한 것이었는데 모든 기구가 각자의 필요에 위해 이러한 도구를 직접 제작한 것은 아닐 게 분명하며 전문 인력들이 있었으리라 추정된다.

　이들은 후계자에게 지식을 가르쳤고 작업장 내에서 수 세대에 걸쳐 이를 전수했을 것이다. 종교분야에서도 전문화가 눈에 띄게 이루어졌다.

　유럽동남부 동기시대의 민간형상 조각들은 그 표현이 매우 도식적인 경향을 띤다. 이러한 경향은 더욱 뚜렷해졌고 결국 거의 사람으로 보이지 않는 기하학적 요소들로 이루어진 우상이 만들어지기까지 했다. 이상은 나유신이 옮긴 헤르만 파르징거의 책 속에 나오는 말이다. 과연 우리의 홍산 문화와 독일인 고고학자의 눈에 비친 문화의 차이는 무엇인가?

　그러나 난 그 속에서 공통분모를 찾을 수 있었다. 청동기 문화의 시작과 발달 과정이 바로 그것이다.

독일 최고 권위의 라이프 니츠상을 수상하고 역사 대중화에 주어졌다는 로이 힐린상에 빛나는 독일의 국보급 고고학자 헤르만 파르칭거가 쓴 인류는 어떻게 역사가 되었나를 탐독하면서 아쉽고 서운한 감정을 잠재울 수 없었다. 이 거대한 고고학계의 석학이 만약에 홍산 유물들을 두 눈으로 확인할 기회가 있었다면 인류의 기원이 다른 각도에서 평가될 수밖에 없었을 것이란 생각에서다. 그의 말대로 가축, 도살, 농경사회와 원형의 이굴막집에서 거대집단에서나 생겨날 수 있는 홍산 유물이란 꿈도 꾸지 못할 유물인 것이다.

　고작 동물뼈로 된 낚시나 도구 등을 관찰했을 그에게 아름답고 가공할 옥 예술의 정수가 눈에 띄었다면 역사의 수레바퀴는 전혀 다른 각도에서 조명되었을 것이다. 아마도 그는 제5의 지적 생명체를 거론했을 것으로 사료된다. 나 또한 가공할 피사체 앞에서 경악을 금치 못했기에 ….

마운틴 오르가슴 (휴전선)

휴전선은 몸을 감춘다.
사춘기 갓 지난 북측 경계병
검게 탄 손등에서
비릿한 살 내음이 풍긴다.
접대원 박춘심 양
판박이 멘트를 곱씹으며
본능의 밑구녁 죄다 드러낸
만물상에 오른다.
선경은 바리떼로 매달려
지쳐버린 시간의 뿌리를 잡고
육신의 한기를 채혈하며
핏줄 깊숙이 솟구친다.
신을 여는 발자국 따라 더운피를 뿌릴 때
 산들은 몸 비틀며 포효한다.
귓바퀴를 돌아 뛰쳐오는 저 소리
짙푸른 달음질로
유원을 노래하는 산하
저 이는 말없이
산허리를 열고 나와

은밀한 속옷을 벗는다.
아, 눈부신 나신
거침없이 드러나는 만물상
나는 지금 휴전선을
엿보는 착각에 빠진다.

2부

홍산 옥기의 비밀

천추의 빛 그 차디찬 아름다움. 우리 홍산 유물 컬렉터들이 처음에 난관에 봉착하는 경우가 허다한 부분이 옥기의 색채에 있다고 본다. 우선 홍산 유물은 대부분 백옥이며 흑피옥은 청옥이 많다.

그러나 우리가 일상에서 보는 옥기류는 대부분 다양한 색깔로 구성되어 있다.

그러므로 옥기 앞에서 초보자들은 적잖이 당황스러워하게 되는데 그 이유는 지극히 간단하다. 우선 우리는 홍산(적봉)에서 나오는 옥기들의 색을 주시하지 않을 수 없다.

육안으로 보는 연대측정은 대략 옥기상태 중 크릭이나 색채의 변화에 주목하지 않을 수 없다.

우선 옥기의 형태와 색채를 주목해 볼 때 흙의 토질에 따라서 확연히 달라진 옥기들을 느낄 수 있어야 한다. 홍산 옥기는 재질이 백옥이면서 왜 붉은 색인가 의아해하지 않을 수 없을 것이다.
 홍산은 왜 홍산인가?
 백옥은 어떤 성질을 가진 광물인가? 이것이 우리가 주시해야할 주요 대목이다.
 우선 홍산은 중국에서 적봉이라 부른다. 붉을 적(赤)에 봉우리 봉(峰)자를 써서 적봉(赤峰)이라 하고 우리는 붉을 홍(紅)자에 뫼 산(山)자를 써서 홍산(紅山)이라 하는데 홍산의 주성분은 철성분과 경면주사가 많이 섞여 있다는데 열쇠가 있다고 보면 답은 나온다. 백옥이나 양지백옥은 흡수성이 강해서 흡착력 또한 강하다. 결국 홍산의 철성분과 경면주사로 인한 오랜 시간의 침착이 쌓여 친써 현상을 일으킨 것이다. 그래서 홍산 옥기들은 대부분 붉은색을 띠었다. 그중에서 아주 붉고 크릭이 심한 것은 1만년에서 2만년까지도 올라가는 어마 무시한 세월의 증표를 간직하고 있는 유물이기에 우리에겐 더욱 소중한 것이다.
 기형 또한 수없이 많아서 끝없는 예술혼을 사르는 이 유물의 특징 중 하나는 결코 똑같을 수 있는 옥기가 단 한 개도 있을 수 없

마운틴 오르가슴 (오끼도)

오끼도는
새를 부른다.
문신처럼 달라붙는
그리움으로
파도는 긴 혀를 내밀고
참을 수 없는
파도를 부른다.
땀에 젖은
밀물과 썰물의 노래는
오늘도
끝이 없다.
신열에 떨고 있는
섬의 속살로
장대비가 쏟아진다.
오끼도에는
새벽이 없다.

다는 것이다. 왜냐하면 바로, 수작업으로 이루어지는 기물이기 때문이다. 이 부분이 내가 발견한 최초의 홍산 옥기 구분법이다.

 수십만 개를 모아놓아도 그 중 단 한 개도 똑같이 나올 수 없는 옥기. 이 얼마나 위대한 결과인가.

 그것은 고대인들이 집단적으로 세습에 의해 만들었던 장인 개인이 만들었던 수작업으로 만들었기 때문인 것이다. 무수히 많은 작품들 중 단 한 개도 똑같지 않은 점으로 미루어 보아 분명 그들은 개별로 각기 다른 작업을 통하여 완성해낸 흔적이라 사료된다. 그리고 오랜 세월 토질과 기후 그리고 환경에 의해서 생겨난 크랙 등으로 인하여 도저히 똑같을 수 없는 운명적 조건 속에서 세상에 나온 위대한 인류 문화유산들인 것이다.

 만약 똑같은 유물이 찍어낸 듯 같은 것이 단 한 개라도 나온다면 둘 중 하나는 가짜이며 도저히 있을 수 없는 일이다. 그러므로 홍산 유물은 인류가 빚어낸 위대한 역사이며 찬란한 문명의 발원인 것이다.

 이 위대한 문명의 결정체 앞에서 어느 누가 흥분을 감출 수 있겠는가. 어느 누가 감히 폄하의 말을 뱉을 수 있겠는가. 조형의 아름다움과 기형의 창의성 그리고 역사성을 ….

 한없는 문명의 시원 속에서 찬란히 빛나온 그 오랜 여정의 결과물이 바로 우리 조상들의 영성 속에서 자라온 보물들이라니 이 얼마나 경의로운 일인가?

 쏟아지는 빗속을 한없이 걸으며 유인원처럼 푸른 초원을 질주하고 싶은 충동에 빠지며 쿵쾅거리는 심장의 고동소리에 깊은 행복을 느껴본다.

어떤 악기

소리를 내는 것
바람의 갈기에 흔들리는
간지럼 때문인가
잔잔한 호수를 일깨우는 것
또렷한 기억이
불쑥 찾아오는 까닭이리
적막 속에 파묻히는 것 또한
기다리는 바람이 있기 때문인가
그래도 그래도, 돌아설 수 없음은
나는 풀잎이기 때문인가.
내 속에
소리 키우는
악기가 들어 있기 때문이다.

제 아무리 발버둥을 쳐봐도 인간의 수명은 1세기(100년)에 불과하지만 우리가 지난 100년도 안되는 기간 동안 원자폭탄은 가공할 수소폭탄으로 변했고 세계열강들은 무서운 전략 무기로 인하여 가공할 화력을 가지고 있다. 이 무서운 전략 무기가 일시에 폭발 할 경우, 지구는 대폭발하지 않을 수 없다.

화산 폭발과 용암분출로 인한 지구 대멸망의 날이 오지 않는다는 보장이 없다.

700만 년 전 유인원과 그 이전의 지구가 1억년 5억년 등 수없이 많은 세월 동안 어떤 일들이 반복했을지 아무도 모르는 일이다.

우리가 모르는 그 어떤 일들이 지구에서 일어난 것일까?

우리 작은 별 지구가 이토록 가공할 위력의 화력이 중복된다면 은하수의 세계가 은하수만큼 더 많은 별들 중에서 그 어떤 지적생명체인들 없을 수 있었겠는가.

17년 인고의 시간 끝에 세상에 나와 한 달을 채우지 못하고 사라지는 매미의 일생이 가엾다 하지만 억겁의 긴 세월 속에서 인간의 한평생은 덧없고 덧없는 것일진대 5천년 세월이 지난 홍산문화의 길고 긴 인고의 시간들은 어떤 형태로든 빛나야하고 어떤 형태로던 그 찬란했던 과거의 모습을 되찾아야만 한다는 것이다.

이 지구가 멸망하지 않는 한 이 지구의 대폭발이 오지 않는 한 영원불멸의 고대사로 우리 미래의 후손들에게 남겨줘야 하는 것들이다. 어느 한 점 소홀함이 없이 잘 보관되었다가 천추의 세월 뒤에도 더욱 반짝이는 별이 되어있어야 마땅할 것이다.

하지만 현재 국내의 정치인 재계 인사들은 한결같이 개인의 득실(이해관계)에만 신경 쓸 뿐 이 위대한 작업에는 어느 누구 하나 신경을 써주지 않는 것이 작금의 불행한 현실인 것이다.

흑피옥문화

『신석기 시대 홍산 문화는 지리적으로 중원지역의 황하 문명의 중심지가 아닌 문명의 변방지역 요하 일대에서 발견됨으로서, 한 중일 삼국은 물론 국제사회를 놀라게 했던 것이다. 홍산 문화는 약 8000년 전 사해 문화, 흥륭와 문화 등 신석기 시대 문화와 고조선 시대에 해당하는 하가점 하층 문화와도 직접 연결되어 있을 정도로 우리 민족과는 역사적으로 숙명적인 관계에 놓여있는 문화이다.

동시에 양자강 유역의 능가한 문화와 양저 문화와 함께 당시 중국 대륙의 남북을 대표하는 옥 문화로서 황하 문명의 수준을 질적으로나 연대적으로 앞선 것으로 밝혀지고 있다.

이와 같은 상황 가운데, 최근 한국과 중국 양국을 중심으로 국제사회의 주목을 받고 있는 흑피옥 문화는 홍산 문화의 대표적 유물인 C자용(옥룡), 옥결, 태양신, 옥조, 주운형 옥패 등 옥기와 외관상 완전히 동일한 형태뿐 아니라 대부분 수암옥이라는 옥 재료 면에서도 공통점을 갖고 있다. 그러나 무엇보다 중요한 사실은 대표적 옥기인 옥룡, 옥결 등 일련의 옥 조각 형태가 조형상 공통된 제작 형식을 갖추고 있는 일정한 사회적 질서가 존재했었던, 당시 사회가 미개한 단계를 벗어나, 옥과 관련된 신분상의 차별과 정치적 권리의 발생을 의미하고 있다는 것으로 역사적으로 중요한 단서를 제공하고 있다는 것이다. (참조 [한민족의 옥 문화] 2012 하계학술대회, 전남대학교 동아시아 연구소)』

— 정건재 박사 글 〈흑피옥 문화〉 중에서

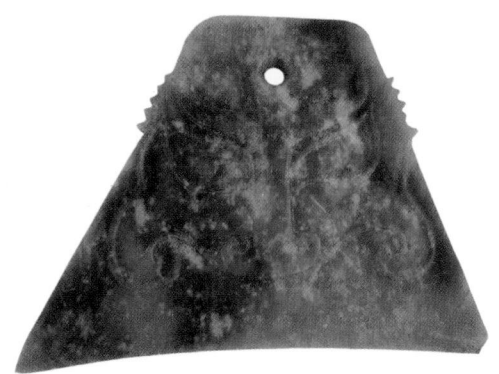

풍경 (아름다운 이별)

그날 밤
꿈속에서 보았던
로즈가든 앞 물가
너는 한 마리
빨간 고추잠자리였다.
산새소리 가슴을 휘젓듯
돌아 흐르고
앞산 바위
큰 산을 떠받힌 채
기다림에 익숙했다.
너는 노을에 반짝이는 구두를 신고
가을의 탱고를 추고 있었다.
새소리에 놀란 나뭇잎은 녹음을 걸머지고
타박타박 걸어간
여름을 사르듯
물비늘 이랑 위를 노 저어 간다.
그는 어디로 가고 있을까.
바다 아니면 하늘
운명을 지척이며
떠나가는 배

『오스트레일리아 북부지방에서 홀로세 후기에 현저히 늘어난 것은 비단 인구와 발굴지 숫자만이 아니었다.

다양한 생태 시스템에 적응하기 위한 오스트레일리아 원주민 애버리진의 적응력 또한 높아졌다. 이와 같은 적응력의 상승은 석기 및 뼈로 만든 인공물을 이용하여 효율적인 식량조달 전략을 전개할 수 있는 능력으로 나타났다.

이 변화 과정에서 사람들은 계절에 따라 여러 주거지로 옮겨 다녔고 다양한 생태 시스템 속에서 생존을 위한 방법을 모색했다.

오스트레일리아 남부의 온대기후 지방은 이 대륙에서 가장 초기 때부터 사람들이 살기 시작한 지역 중 하나다. 하지만 현재 알려진 바로는 플라이스토세 때 이 지역 인구의 밀집도는 오히려 낮은 편이었다. 2500년전 플라이스토세 후반기 빙하가 가장 커지던 시기 동안 이곳의 기후는 매우 건조해 졌고 한때 번성했던 숲은 반건조지대로 바뀌었다.

그러나 기원전 8000년 전부터 플라이스토세 말엽 이후에는 다시기후가 습해졌고 새롭게 숲 지대가 확대되었다.

이 후 오스트레일리아 북부에서와 비슷하게 남부에서도 홀로세 후기인 약 기원전 2000년부터 다시 기후가 변화하기 시작해 습기와 건기가 비교적 단기간에 번갈아가며 나타난다.

오스트레일리아 동남부 지방에서는 공동묘지는 플라이스토세 후기 이후 계속 증가했다.

그 일례가 머리강 유역에서 확인된다.

연구자 사이에서 이 현상은 영토권 개념이 점점 형성되어가는 것으로 해석된다.

왜냐하면 공동묘지의 전체적인 형태로 봤을 때 한 집단이 특정 지역과 매우 고정된 관계를 맺고 있었음을 알 수 있기 때문이다.

홀로세, 특히 그 중에서 후기 동안 오스트레일리아 동남부 지역은 다른 지역과 마찬가지로 인구가 증가했다.

이 시기 주거지역은 매우 상이한 자연환경이 형성되었다.

이들의 생활터전은 늪이 있는 습지대, 높은 산간지방, 울창한 숲 지대, 해안가 등에 있었고 오스트레일리아 남부의 반건조지역에도 소수 존재했다. 이와 더불어 석기 기술과 암석 벽화에서의 변화 또한 눈에 띈다. 많은 흙더미와 조개무지는 당시 점점 더 정착 생활과 장소에 고정된 생활을 하게 되었고 이동성이 줄어들었음을 시사해 준다.

이 시기 유골을 조사해보니 영양결핍이 있었음을 알 수 있었다. 이는 인구 과잉이 원인이었던 듯하다. 이와 더불어 3000년 동안 공동묘지가 증가한 것으로 추측해 볼 수 있는 사망률의 증가 또한 인구과잉 때문이었을 수 있다.

그러나 공동묘지의 설치시기와 인구 및 사망률 증가 사이의 시간 순서에 대해서는 더 정확하게 확인할 방법이 없다.

어쨌든 이러한 묘지들이 오랫동안 존속했다는 사실과 주거지들에 반복적으로 사람들이 거주했다는 사실은 사회적으로 변화가 일어났음을 분명히 보여주는 것이라 할수 있다.

즉 이전 시기에는 행동반경이 매우 넓고 이동이 상대적으로 높은 수렵채집 생활을 했던것에 반해, 이 시기에 들어서는 장소에 고정적으로 생활하는 경향이 강해졌고 따라서 한번 개척한 생활터전과 더 밀접한 관계를 맺고 정착하게 되었다. 온대지역인 오스트레일리아 남부에서는 홀로세 기간 동안 안정적인 발달과정이 이어졌다. 하지만 현재로부터 과거 3000년에서 4000년 동안의 시기에는 이곳에서도 중요한 사회 및 인구의 변화들이 생겨났다.』

— 나유신 역『헤르만 파르칭거 지음』중에서

마운틴 오르가슴 (풀을 매며)

감자밭에서
풀을 매고 있었다.
끝없이 솟아나는 풀
정신없이 뽑내다가
순간 뒤통수를 때리는,
내 속에 풀들이
비수가 되어
나를 베고 있었다.
오뉴월 땡볕을 솎을 때마다
풀잎의 아우성
사금파리에 비쳐
천년의 하얀 빛 쏟아내고 있었다.
사내, 무엇을 위하여
땅속에 저리도 깊이 뿌리를 박고
칼을 키우는가.

중국은 황하 문명과 홍산 문화를 중국의 남방 문화와 북방 문화라고 말하고 있다. 홍산 문화가 중국의 북방 문화라 우기는 근거는 현재 홍산이 중국 랴오닝 성에 존재한다는 터무니없는 주장이다.

홍산 문화, 발해연안 문명은 중국 만리장성 북동부에 존재했던 신석기 시대에 문화이다.

현재의 중국인민공화국 네이멍구 자치구 츠펑시와 랴오닝성 조양시 일대를 기반으로 하고 있는 건 사실이지만 이미 동북아 시원 문화의 원형이(용문화의 원형) 발굴되었고 그 지점이 바로 발해연안이며 중국인들이 야만인으로 비하하며 내쳤던 동이족인 것이다.

그들은 버젓이 만리장성을 쌓아놓고 장성 안은 장성 밖은 오랑캐라 해왔다.

그런데 유감(?)스럽게도 그들이 그토록 위대한 고대사라 말하고 싶은 홍산 유물이 발견되고 있는 지점이 장성 밖 320km나 떨어진 동북쪽이며 우리 발해에서는 160km 밖에 안 떨어져 있는 곳임을 어떻게 받아들여야 할지 고심하지 않을 수 없는 현실이다.

홍산에 대한 책을 쓰는 동안 『울릉도 보물선 돈스코이호』 저자 유해수 박사가 다녀가셨다.

책을 한권 주고 가셨는데 수중문화 이야기란 내용이 내게 큰 힘과 희망을 안겨주었다.

다음은 발췌한 것이다.

「유네스코(UNESCO)에서 정의하는 수중문화유산(해저유물)은 최소 100년 동안 물속에 있었던 문화적·역사적·고고학적 성격을 지닌 인간존재의 모든 흔적을 의미한다.

선사시대의 구조물이나 건축물, 역사시대의 유물은 물론 선박, 항공기 등 수송수단이나 그 속의 화물 같은 인류의 흔적 모두가 수중문화유산이다. 그러나 해저에 놓인 도관과 전선 그리고 아직 사용되고 있는 것은 이에 포함되지 않는다.

최근 수중문화유산에 대한 관심이 높아지면서, 지난 2001년 파리에서 개최한 유네스코 총회에서는 '수중문화유산 보호협약'이 채택되었다.

이 총회에서는 수중문화유산을 손상시키지 않는 탐사를 장려함으로써 유물과 유적 그리고 그 주변 환경의 보호를 강조했다. 수중문화 유산은 역사적 가치와 함께 새로운 문화 콘텐츠 소제 제공, 해양박물관 설립 등 문화, 관광산업에도 일조할 것이다. 이러한 의미에서 수중문화유산탐사는 인류의 과거와 미래를 연결하며, 보다 조화롭고 가치 있는 삶을 살도록 하는 중요한 작업이다.

우리나라 바다에는 국보·보물급 도자기들 많은 유물이 매몰되어 있다. 그런데 이 유물들은 지금 연안개발, 해양환경변화, 각종 어업활동, 도굴로 인해 파괴의 위험에 노출되어 있다.

또한 이렇게 도굴되어 해외로 밀반출되는 문화재를 다시 사들이는 외화 낭비도 심각한 수준이다. 수중문화유산은 소중한 해양자원이며 무엇보다도 인류가 함께 보존하고 후대에 남겨야할 공동의 문화유산이다.

유물의 경제적 가치를 목표로 발굴에 급급하기보다는 해양보호와 문화자원보존을 동반한 탐사를 실시해야 한다.

이를 위해 물속에 잠긴 유물이나 유적에 관해 연구하는 수중고고학 분야와 심해탐사를 위한 지구물리탐사와 원격탐사 분야에 많은 노력을 기울일 필요가 있다.』

- 유해수 박사의 『울릉도 보물선 돈스코이호』에서 발췌

까치집

주인이 없다.
빈 둥지가
불면을 노래하듯
마을을 지키고 있다.
부신 햇살로
온기 흐르던 한 여름을
삼태기에 퍼 담으며
까치집 하나
바람의 비늘 아래서
떨고 있다.

이 글을 읽고 난 자신감을 하나 얻었다. 그것은 적어도 홍산 유물을 전 세계에서 가장 많이 보유한 나로서는 홍산의 유구한 역사 그 찬란한 문명의 증거들을 유네스코에 등재해야 한다는 생각이 왈칵 치솟았다.

5000년 이상의 역사성과 인류 시원의 문자들이 들어있고 소조의 기형들이 모두 정상의 완벽성을 가진 것들이며 인류조상의 발자취가 묻어난 작품이기에 인류가 보존해야 할 무궁한 자원을 어떻게 방치할 수 있겠는가 하는 생각에 도달할 수 있었다.

새로움을 낯섦음을 동반한다고 하였다.

다른 사람의 일을 지켜보면서 따라한다는 것은 석연찮은 일이지만 새로움이 진정한 내 것이 될 때 성취의 의미는 낯섦음 속에 또 다른 위대함을 심어줄 것이다.

요즘 정치인들은 사람이 표로만 보이나 보다. 지역구(기초의원) 식충이 같은 자들의 놀이터가 되어버린 기초의원 제도를 모두 없애면 좋겠다.

그 자리를 모두 없애고 국회의원 수도 1/2이나 1/3로 확 줄이면 얼마나 좋을까?

거대 중국이나 미국처럼 큰 나라라면 몰라도 코딱지만 한 나라에서 세금만 축내는 기생충을 왜 그리 많이 만들어 놓았는지 설상

가상으로 끼리끼리 해먹느라 정치는 아예 뒷전이다.

 유권자는 모두 표로만 보이나 보다.

 왜 100년 천년 후의 나라를 생각지 못하는 것일까?

 더 이상 무위도식하는 자들에게 혈세를 나누어 줄 필요 없이 감원해야 할 것이다.

마운틴 오르가슴 (까치밥)

아득한 높이에
설익은 감하나
가을 서리를 맞다가
되게 맞다가
빨간 홍시나 되리

요하 문명은 중원으로 가고 중원의 용봉 문화가 존재 하였다.

또한 동북으로 가서 반도 문화에 영향을 주었다는 것이 그들의 주장인데 요하와 홍산은 어떤 방법으로든 교류가 있었음이 닮은 꼴 옥기를 보면 알 수 있다.

또 사막의 한가운데에서 조개무지가 발견되는가 하면 강의 흔적이 나온다.

지구의 기온은 여러 지형을 반복해서 변화시켰다.

그 결과 실크로드를 따라 나있던 길조차 바뀔 수밖에 없는 조건이 된 듯하다. 따라서 문명의 흔적도 변할 수밖에….

홍산 문화원 박문원 원장은

"홍산인들은 크기나 외형의 화려함을 중시하지 않고 가치 중심, 정신 철학을 담는데 치중한 문화다. 굉장히 고결한 느낌이 들고 작품성으로 봤을 때 현대 디자인, 회화가 따라갈 수 없는 아주 숭고하고 깊이 있는 예술성을 지니고 있다." 고 말했다.

풀을 뽑으며

보인다.
허수아비의 행렬
환멸의 지옥을 털고 나오듯
푸른 이빨들이 벌떡 솟아나
손을 깨무는 오후
문명의 뱃속 어디쯤에서
우리는 만났던가
알몸 속으로 파고드는
바람의 같기
채울 수 없는 가슴만 찔러댄다.
아픔의 맨살이 줄지어 떠나는
삶의 이랑이며
곰삭아 부르튼 맨살의 부르틈이여
불면의 몸속에 떠 있는
풀을 뽑는다.

박문원 원장의 '창조의 아침'은 1989년 박정원, 박문원 두 형제가 지방에서 올라와 독특한 창조적인 미술교육 방법으로 홍대 앞 지하실에서 처음 학원을 개원하여 몇 년 안에 국내 미술 학원계를 석권한다. 창의적 교육, 끊임없는 연구로 수많은 미술지망생들은 서울대 홍대등 국내외의 유명 대학에 많은 학생들을 입학시킨다.

– 〈인터넷〉에서 발췌

창조의 아침을 성공시킨 박원장은 이금화 선생과 함께 수백억을 들여 흑피옥과 홍산 유물을 발굴 수집하였다. 각국 학술세미나를 열고 국내외 석학들에게 연구의 기회를 제공하였다.

마운틴 오르가슴 (월유봉에서)

월유봉 골짜기 아래
물새 한 마리
차르릉 차르릉
달빛보다 더 맑다.
구렁이 내장 속
물결 따라
정지된 시간 속에 머물다.
알몸 속으로
칭칭 감겨오는
달빛을 타고
산을 본다,
달맞이 꽃 어둠 밝히는
달 속에서 새를 본다.

서울대 신용하 교수는 홍산에 거주했던 맥족이 고조선 민족의 뿌리라고 주장하고 있다.

단군학 연구가인 임재해도 홍산이 환웅의 터전이라고 말하고 있다. 최근 한국의 학자들은 홍산이 고조선의 뿌리라고 보고 있다. 우실하 교수도 마찬가지다. 우주 항공대 우실하 교수도 홍산 문화는 요하 문명의 꽃이고, 특히 하가점-하층 문화는 고조선과 연결된다고 보고 있다. 이 지역에서 고조선의 상징인 비파형 동검이 대량 발굴되었기 때문이다. 비파형 동검은 요동과 요서지역에서 폭 넓게 발굴되었고 산동 반도에서 1-2개 나온다.
그 다음 한반도에서 무더기로 나온다. 그런데 홍산에서는 비파형옥검이 나왔다. 청동검보다 1,000년이나 앞선 것이다. 중국 본토나 다른 곳에선 전혀 나오지 않았다.

홍산 문화를 창조한 주역은 중원문화를 창조한 화하족이 아니라 동이족이다.
중국은 만리장성 이북에 대해서는 오랑캐라고 판단을 해왔는데

황하 문명보다 훨씬 앞선 문명이 요하 문명의 꽃은 홍산이었고 홍산 문화는 고조선과 연결이 되었다. 홍산 문화와 한민족 문화의 상관성을 찾게 된다.

우선, 암각화의 상관성이다.
한반도의 경우 우선 암각화의 상관성이다. 한반도의 경우 1971년 경북 울산 천권리에서 암각화가 처음 발견된 이래 20여 개소에서 암각화가 확인되었다. 그러나 주로 경북을 비롯한 남부지역에서 발견되고 중부와 북부지역에서는 발견되지 않아 한반도 암각화의 기원이나 계통에 대해서는 오리무중이었다. 그 기원을 연래주 아무르강 유역이나 몽골존원에서 찾으려고 했으나, '한국형 암각화'라고 하는 방패모양 등 기하학 무늬의 암각화가 나오지 않아 그 시도는 결론을 맺지 못하였다.
그러던 중 『최근(2007) 홍산 문화에 속하는 츠펑시의 츠자잉쯔와 상지팡 잉쯔 등지에서 유사 암각화가 발견됨으로써 한국 암각화의 계통문제가 해명 될 것으로 기대된다.』

— 〈인터넷〉에서 발췌

마운틴 오르가슴 (여행은 이별이다.)

짙은 여름이
발자국 따라 열린 섬
센토사를 찾았다.
쥬롱새 공원엔
사랑의 균열이
증언처럼 날아다녔다.
언어도 피부도
수줍게 맴돌다 깊은
바다에 빠지는
센토사
돌아갈 고향이 다르듯
사랑은 다르다.
열대의 늪에
지천으로 밟히는 우수
섬 마디마디
고향 돌다리에 머무는 전설처럼
서러운 눈물이 불길처럼 타오르는
센토사
나는 혼자다.

3부

詩와 史에 대한 소고

  홍산 옥기 원고를 쓰다 보니 정지용 생가와 이지당을 오갔다.
  정지용 생가는 생가 옆 카페에서 한 잔의 차를 즐기며 마음 좋은 주인의 배려에 좋은 환경에서 마음 놓고 글을 쓸 수 있었으나 '이지당'은 달랐다. 경관이 수려하고 송시열 서당이 있던 곳이라서 그런지 경치가 빼어나며 바위와 물과 경관이 글을 쓰기엔 최고의 조건이었지만 여름 모기가 극성이었다. 한 장의 박스를 깔고 시심이 절로 나오는 이지당에서의 작품 활동은 나의 일생에 가장 큰 행복감을 안겨주었다. 해마로부터 좋은 엔도르핀이 흐르는 힐링의 장이었다. 원치 않는 손님 산 모기만 없었다면 말이다.
  과연 옛 사람들은 풍수에 밝았나 보다.

경관이 너무 수려하고 인수분해에 의한 도식의 정형화가 느껴지는 산세와 앞 시냇물은 절로 시심을 쌓이게 하는 장소임에 틀림없다.

나는 이곳에서 감히 홍산 시대의(홍산 옥기에 서린) 영성을 만났다. 과연 인간은 어떤 존재였는가?

인간의 한계는 어디까지인가?

역사의 중요한 의미가 새삼스러운 것은 어떤 제5의 지적 생물체에 대한 의문점이었다. 도저히 인간의 두뇌와 인간의 손작업으로서 이루어질 수 없는 조형물들이 어떻게 이토록 즐비하게 출현할 수 있는 것일까?

신비의 왕국에 온듯한 이상세계에 발을 들여놓은듯한 그런 느낌이 나의 두뇌를 온통 지배했다.

마운틴 오르가슴 (섬)

어제 보았던 섬
오늘은 더 큰 섬이다.
날마다 커지는 섬
가슴에 박힌
신열 때문인가
섬 앞에서
나는
기찬 체위를 꿈꾼다.

오늘은 보티첼리의 '비너스와 마르스'(목판에 템페자; 런던국립박물관)라는 세계의 명화를 감상했다. 색채와 절규의 몸짓 그리고 표정이 너무도 아름다웠다.

누워있는 남자의 행복한 표정과 그를 지켜보고 있는 비너스의 표정은 그 시선의 무궁함이 소름 돋는다. 아이들의 미소와 몸짓이 제 각각 천사와 같고 69cm×173.5cm의 조그만 화폭 안에서 느껴지는 예능의 포만감은 하늘 끝까지 신비감을 차올린다.

그러나 이러한 신비감과 포만감마저도 단 한 점의 홍산 유물을 직시하노라면 온통 정신이 흐려질 수밖에 없다. 도대체 무엇이 이토록 위대한 작품 앞에서도 비교할 수 없는 만족감을 느끼게 하는가 소박하고 간결해 보이는 한 조각의 소조상 앞에서 나는 황홀을 느낄 수밖에 없었다.

유구한 역사성 그것은 5000년 이라는 시공을 초월한 세월감이다. 혹은 일만 년을 웃도는 순수예술의 향연이 던져주는 환타지아인 것이다. 그 어느 누구도 흉내 낼 수 없는 위대한 예술의 영역이 그 어느 누구도 침범할 수 없는 신성을 버금고 서있는 것이다. 절정의 예능이 단 한 점의 소조물 속에 농축된 듯 소름끼치는 아름다움이 신비의 영역을 안개 속에 감추듯 버티고 서있는 것이다. 흔한 말로 황홀지경이라는 말이 이것이 아닐까 한다.

노숙

새들은 노숙을 한다.
사내도 노숙을 한다.
굵은 주름의 이랑에
사랑의 균열을 심고
반쯤
휴짓 조각이 되어버린 사내는
역한 냄새를 풍기며
역앞 벤치에 누워있다.
꿈속에서 그는 가족을 만나고 있나 보다, 아니
염라전 지옥불
목울대로 들여다보고 있나 보다
주머니 속
동전 몇 닢이
뼈 깎는 한기를 삼킨다.

나의 소장품 중에 판위량(번옥량 1895~1977)의 그림이 한 점 있다. 그녀는 한때 중국을 뒤흔든 근대 화단의 최초의 여류화가이다.

파리의 현대 미술관과 중국 안휘성 박물관엔 그녀의 유작들이 많이 소장되어 있으며 르느와르의 〈부지발의 무도회〉(1883)-캔버스에 유채 180×98 보스턴미술관 소장-〉와 똑같이 그렸으나(남녀 위치만 다르게 그림)와 똑같은 그림이 있다.

얼마나 가슴 벅찬 일인가?

나는 환희에 젖을 수밖에 없었다.

그녀의 그림값은 한 점당 수십억원(르느와르의 그림 값은 점당 1,700억 원)이다. 비단 고액의 그림 값을 떠나서 세계적인 거장의 그림을 소유했다는 그 사실이 나의 가슴을 온통 설레게 하고 말았다.

『보스톤 미술관에 들어가면 먼저 우리들의 눈길을 끄는 작품의 하나가 이 르느와르의 대작인 〈부지발의 무도회〉이다.

밝고 신선하고 따뜻하고 풍요한 색채로 건강할 대로 건강한 대기의 향기가 화면에 넘쳐흐른다. 이 시기에 이탈리아 여행에서 알게 된 폼페이 고대 벽화의 아름다움에 매혹된 르느와르는 그때까지의 인상파 풍의 미묘하게 배치되는 색채의 광휘를 억누르고, 대비를 이루는 아름다움과 명쾌한 방향으로 나아갔다. 이 작품은 그러한 변화의 전환점을 이루는 시기의 것으로 당당한 작품이라고 할 수 있다. 전경에 흐르는 춤추는 남녀의 백색과 짙은 청색의대비가 여성의 빨간 두건을 축으로 해서 명확하게 구분되어 있으며, 그것을 둘러싸고 흥겹게 담소하고 있는 배경인물들의 원조의 대비도 아주 멋진 그림이다. 종래의 관능미의 표현에서 벗어나 건강 그 자체와 색채의 대비만으로 아름다움을 표현하려 한 르느와르의 걸작이다.』

― 〈삼성출판사 이일 세계의명화 3부 근, 현대〉 중에서

 이러한 진귀한 작품을 알아볼 수 있었던 것은 홍산유물의 기본 속에서 다져온 나의 안목이 명화 속으로 전이된 까닭일거란 생각에서 더욱 행복감을 느낀다.

길

낙석구간, 길은 거꾸로 솟는다.
성급한 낙차 벗어나는
아득한 흐름 따라
사라지는 길
지네 내장 속 같은 터널
거처도 없이 떠도는 부랑아 바람, 길을 찾아
정신을 쫓아
집을 나서지만
또다시 섬뜩 나타나는
낙석구간,
둔탁한 허리춤에는
사내의 나이가
거미줄로 매달려 있다.

르느와르의 〈미역 감는 여인들(1918년 경;파리인상파 미술관)〉을 소개하고 싶은 이유는 홍산 유물에 담긴 인체의 신비를 르느와르는 깊이 성찰 했던 것일까? 싶어서이다.

『카뉴에서 그려진 작품이다.

르느와르가 세상을 떠나기 전 해의 작품으로, 말하자면 그의 예술의 마지막 종착점을 나타낸 것이라고 해도 과언은 아니다.

젊을 때부터 르느와르는 줄 곧 모든 각도에서 또 모든 상태에서 여인들의 아름다움을 찾아내고 있었는데 마지막에 이르러 가장 풍만하고 충실한 육체감과 자연의 발랄한 색체의 결합으로 나부를 열매 맺게 했다. 그러기 위해서는 목욕하는 여인이 가장 알맞은 테마였으므로 만면에는 목욕하는 여인의 연작을 그렸다. 육체의 풍만이라는 점에서는 루벤스의 나부를 연상시키기도 하지만 그 감미로운 감각의 도취에 있어서는 프라고나르나 부세같은 18세기 화가들의 로코코적인 관능미를 충분히 내포하고 있다. 그러한 원숙된 감각이 이 작품에서 완벽하게 표현되어 있어 그의 나부화의 집대성이라 해도 과언이 아니다. 옆으로 누워있는 두 나부를 중심으로 화면은 따뜻한 색과 찬색이 알맞게 조화를 이루고 있어 거기에는 아무것도 생각하지 않는 인간의 도취와 순수한 색의 부름이 있을 뿐이다.』

— 〈삼성출판사 이일 세계의명화 3부 근,현대〉 중에서

홍산 옥기들에서 나타나는 명확하게 표현된 나부들의 튼튼한 육체의 바탕 위에서 표현된 아름다운 소조의 특색을 살펴볼 때 고대인들의 깊은 통찰이 르느와르의 작품 속에서 또다시 녹아내린 듯 깊고 놀라운 예술성에 또 한번 경악을 느낀다.

길2

모과 향 아련히 피어오르는
길 따라 고향을 찾았다.
희미한 기억 속
고향은 객지나 진배없다.
이웃집 누나 물배방앗간 김씨와
남몰래 스며들던
메밀 밭 언저리 보이지 않고
러브호텔 어정스럽게 서 있다.
드물게 남은 외양간에선
황소 한 마리 빈들을 향해
지루한 울음을 토하고 있었다.

충북 옥천군 군서면 상지리가 고향이다. 지금은 없어졌지만 로즈가든이란 경양식 집과 러브호텔이 있었다. 김구장댁 물레방앗간도 있었다.

어린 시절에 놀던 그곳에(지경수) 이응규란 친구가 멋지게 별장을 지었다. 그는 오정동에서 기물 도매업을 크게 한다. 원래는 빈들처럼 원시의 숲이었으나 내가 서울서 자라는 동안 언젠가부터 러브호텔이 들어서고 있었다. 수자원 공사에서 사들여서 부숴버린 것을 보면 아마도 수변 지역인듯싶다.

원래 이곳은 그린벨트지역이었고 대전 시민들의 젖줄 이었다. 이곳의 물이 흘러내려 대청호로 가는 상수원이었기 때문일 것이다. 아마 우리가 신비감을 느끼는 홍산 옥기도 이러한 골짜기에서 큰 장맛비에 휩쓸려 세상 밖으로 나왔을 것이다. 내몽고의 적산 그 한 모퉁이에서 깊은 잠을 자다가 세상 밖에 나온 신성한 돌조각품들이 어찌어찌 흘러서 나의 손에 들어온 것일까? 요하 문명이란 말은 1995년부터 쓰게 되었다고 우실하 교수는 말했다.

요하 문명은 범홍산 문화의 결정체라 하겠다. 유지(유적지)의 동일한 시대, 동일한 유적문화들이 모인 것들을 묶어서 범 문화 지역을 가로지르는 강 이름을 따서 ○○문명이라고 한다. 장강 문명과 중원문명은 황하문명으로써 다기원적 문명이 요하지역에서 새로운 고대문명이 발견되었는데 만리장성 밖에서 발견된 그것이 바로 홍산 문화인 것이다.

바로 동이족의 문화 말이다.

새로이 발견된 홍산 문화가 발견된 것인데. 중원의 문명에서 얘기해 오던 황하문명보다 훨씬 더 앞선 문명 즉 동이문화가 바로 홍산 문화다. 또한 조이족 문화인 것이다.

길3

모르스 부호처럼 심장을
통통 울리며 달려오는
찔레향
입안 가득 고여 오는 아련한 추억의 찔레순
이 길로 세월이 간다.
아침이슬 한 방울로 댕그르르 다가온 지상의 꿈
어디선가 날아온
흰 나비의 착지
이 길로 내가 간다.

황제의 자손이라던 중화인들은 오랑캐의 땅 요하에서 발견된 홍산 문화 황제족의 문명과 거리가 먼 오랑캐의 땅에서 깜짝 놀랄대 발견이 시작되자 그들은 요하 문명까지도 황제의 땅이라면서 고대문명의 발상지가 남북 200km 동서 500km의 사막 근처 신석기 전체를 중원 문명으로 편입하는 동북문화 탐원공정을 시행했다. 요녕성 일대 요하문명이 꽃 피던 시기에 그 지역은 현재의 서울 기온과 같았다. 해수면도 높아서 강도 물이 풍부하고 초원도 풍부한 습도를 유지할 수 있었다.

동이족(조이족;새를 토템으로 함)의 문명이 융성해졌다. 중국인들이 우러러 받드는 고고학의 아버지 소병기 박사에 의해 요하문명은 황제족이 아닌 동이족의 산물임을 밝힌 바가 있다. 하상주(하나라, 상나라, 주나라) 문화탐원공정을 시작된 것이다.

모든 소수민족의 문화를 중화사상 속에 귀속시키는 공정이다. 50여개의 소수민족은 하나의 중화민족중에 속해 있는 다민족 국가이다라고 말한다.

중화민족은 다민족의 모임이며 그것은 통일된 중화 민족의 일부이다라고 말하고 있지만 우리의 사학계는 우리 고구려나 고조선의 독립을 연구하지 못하고 있는 실정이다.

홍산 문화 초기에 나타나는 청동 귀걸이는 흥융와문화(기원전 8,000년전) 옥결(옥귀걸이)이 발견된 어떤 논문에 의하면 이 옥결의 원석에 구멍을 하나 뚫는데만 잠자지 않고 일해도 31시간이 걸렸다고 말한다.

이미 오래전부터 피력했지만 내겐 필생이 소원이 있다. 그것은 지상에서 가장 위대한 홍산 박물관을 짓는 것이다. 그러나 많은 이들의 따가운 시선이 도사리고 있음을 알고 나서야 후회하게 되었다. 마땅히 국가가 해야 하거나 재벌들이 해야 할 일을 내가 해 보겠다는데 축복을 빌어줘야 할 애국인데 국부를 창출하고 새로운 세계사 속에 우리의 우월성을 우뚝 세우는 일인데 못난 시샘의 눈길 또 무슨 일인가?

낙화, 봄을 부른다.

아름다운 것이
어찌 노을뿐인가
눈부신 언어로
지상을 수놓았던
꽃의 낙하
세상 속으로
흘러 다닐 때
구름의 행간 속에는 나신의
꽃 처녀가
봄을 부른다.

나는 홍산 문화의 연구자도 아니다. 학자도 아니고 고고학을 연구한 바도 없다. 그러나 한땐 글쟁이였다. 시인이란 누더기를 걸친 형편없는 문인이었다. 96년 「문예시조」에서 김창직 교수(서울대)의 2회 추천으로 등단한 정식 시인이었다. 홍산 옥기들을 컬렉터 해 오다보니 도가 넘어서 제1의 홍산 옥기 수집가가 되었고 선배들의 책과 이야기를 토대로 깊은 관심이 싹트다 보니 천성은 속일 수 없는지 집필에까지 이르렀다.

홍산 옥기를 찬찬히 바라보노라면 잘 보존된 미이라처럼 신석기가 보이고 그들의 숨소리가 들린다. 그리고 그들의 함성이 마구 귓전을 때린다. 초원을 종횡무진 달리는 순수의 시간들이 장구한 초원에 비 뿌린다. 그 속에서 새싹처럼 움튼 집필의 욕망은 과연 한심한 노욕이라는 것일까?

삶의 질을 생각하는 이들은 쓸데없는 짓이라 외면할 것이다. 건강이나 신경 쓰지 수집중독도 모자라 집필은 무슨 집필이냐며 혀를 내두를 것이다. 하지만 홍산 옥기에 대한 나의 애착은 식을 줄 몰랐다. 먼 고대의 이야기가 내 가슴에 와닿고 있었다. 그 시절의 영성의 물결이 내 전신을 비 뿌렸고 또한 내 심장을 멈추도록 깊은 감명을 주고 있었다. 홍산 옥기를 바라만 보아도 이렇게 화창한 계절에 산새소리가 내 식어 가는 의식의 저변에 융단처럼 깔리고 잊혀가는 기억들로부터 나를 구원하고 있었다.

분명 신이 주신 달란트가 아니고 무엇이겠는가.

이렇게 가슴 뛰는 기쁨 가슴 뛰는 행복을 무엇으로 느낄 수 있겠는가?

무심한 듯 서 있는 홍산 옥기 한 점 속에서 혈류를 타고 오는 환희의 빗방울 소리를 듣는다. 오늘도 산새소리는 고대를 물고와 창가를 두드린다.

아!
맑은 산소여 일어나라 홍산의 기지개여~

봄날 칸쵸네

대둔산 가는길
벌곡 저수지가
검둥이 흰둥이와
열애에 빠졌다.
소리 없이 다가온
산의 허기
불립문자의 행간을 핥기 시작했다.
호수의 물결이
하늘을 향해 치솟자
산의 신음소리는
계곡을 타고 흐른다.
골짜기 골짜기 마다
봄의 칸쵸네를 울리고
산의 신명이
계곡을 찢고 있었다.
대둔산 가는 길
산은 열정을 치받으며
호수에 담겨있었다.

산의 허기가 불립 문자의 행간을 핥기 시작했다.

그랬다. 허기란 것은 아름다운 것이다. 내가 홍산 옥기에서 느낀 희열을 담은 표정의 남녀 교합상을 본 것은 십여 년 전 일이다.

만년의 미소가 살아있었다.

신의 선물이었다. 마치 살아있는 미소의 옥기들에서 느껴지는 소름 돋는 사랑은 내 여린 가슴에 깊은 감동과 설레임을 안겨다 주었다. 바로 이거다. 선사인들의 로맨스가 듬뿍 실려있는 이 작품을 세상에 알려야 한다.

이토록 가슴 벅찬 환희의 순간을 우리는 공유해야 한다는 생각이었다. 예술과 감흥의 실핏줄이 터지도록 벅찬 희열의 터널이 끝도 없이 파노라마 쳤다. 요동치는 가슴을 억제할 수 없었다. 그래서 그 동안 모아온 홍산 옥기 가운데 남녀 교합상만 따로 보관했다.

성 박물관을 짓고 싶었다. 부끄러운 얘기지만 수년 전 제주도의 어느 성 박물관에 가보고 아쉬움을 느낀 바 있었다. 그때 내가 생각한 것은 모든 것은 경제적 논리를 빠트릴 수 없다라는 사실이었다. 심지어 사학마저도 그랬다. 박물관도 어찌 보면 사업의 일환인 것이다. 많은 이들에게 흥미를 느끼게 하면서 교육 자료가 되어야 인기가 있고 유지가 원활할 수 있기 때문이다. 모든 일에는 연료가 있어야 돌아가듯 경제란 바로 실탄이며 기름인 것이기 때문이며 그것은 모든 이의 흥미를 잃지 않아야 한다는 것이다.

앵무새

네 눈을 보고 있으면
아마존 푸른 평화가 달려온다.
시원한 네 눈빛
빙하기 툰두라에 쏟아지던
흰 눈의 결정인가
냉정한 자연이
눈부셔 몸살 난다.
너, 말없이 사라지면
누군가는
폐쇄 된 자연에 갇힌
한 마리 앵무새
정말 살기 싫다.

"환단고기에서 안정전의 역주에는 19세기는 계몽주의 시대로 인간 이성에 대한 믿음이 지배하던 시대이다. 그래서 역사학자들도 문헌과 유물의 과학적인 연구를 통해 과거 사실을 찾아내고 객관적인 역사를 구축할 수 있을 것이라 믿었다.

이렇게 시작된 구 사학은 실증주의 사학으로서 '지식의 절대주의'를 주장하였다. '본래 있었던 그대로'라 외친 랑케의 구호가 구 사학의 모든 것을 대변한다.

실증주의 사학자들은 역사적 사실을 있는 그대로 기록한다는 것을 신앙처럼 믿어왔다. 그러나 과거의 기록물과 유물, 유적은 시간이 흘러가면서 소실되거나 부서지고 사라진다.

이렇게 무로 돌아가는 것이 역사의 진실한 모습이다. 어떤 역사적 사건도 일단 발생하고 나면 과거가 된다. 그런데 과거의 사건을 있는 그대로 기록한다는 것이 과연 가능한 일인가? 우선 과거에 대한 기록이 분량에서 한계가 있고, 아무리 기록물이 많아도 현실적으로 취할 수 있는 자료에 한계가 있다. 때문에 역사가는 현재의 상황과 필요에 따라 자료를 취사선택할 수밖에 없는데, 그 과정에서 자연스럽게 사건의 해석이 개입을 하게 된다.

그리하여 어떤 역사가도 완전한 객관주의를 취하기 어렵다."

— 안정전 역 『환단 고기』중에서

그렇다. 이렇게 사학자 혹은 독자들의 시각에 따라서 모든 것은 달라질 수 있다. 그러나 본질이 변할 수 없는 것은 홍산 유물에 대한 변할 수 없는 진실의 얼굴들이다. 5000년 역사를 안고 단 한 점의 똑같은 유물이 있을 수 없는 진지한 역사가 여기에 모두 녹아든 것이 그 이유이다.

인간의 삶도 역사도 먼 산을 보고 살아야 한다.
눈앞에 나무만 보는 곤충의 삶은 곧바로 새의 먹이가 될 수 있으니 말이다.

노교수

어느 날 흠칫,
백말이 거울을 노려보고 있었다.
노교수는 수십 년을 한 연구실에서 지냈다.
그는 마치 깨알의 이력서처럼 촘촘히
구멍 난 벽의 못 자국들을 바라보았다.
그 속에 머물다간 가을의 심지
옥수수처럼 실하게 박힌 알곡들이
실타래처럼 너풀대는 흰 머리칼로 남아있다.
잎 하나의 봄날, 꽃 하나의 반짝임으로 남아있던 햇살
의 투명함
그의 텃밭에 차오르던 푸른빛을 향해
미로에 뒤덮인 희망을 거두러
개미 떼처럼 낯선 지하철을 함께
타고 온 나날들 참 실하다.
어쩜, 사막 같은 시간의 고삐를
이끌고 달려온 노교수
이제 가을은
황금빛으로 남은 꿈의 무대다
그가 지나온 시간들은

이미, 바라보기도 아까운 땀의
연주다. 가을이 탄다. 붉게 탄다.
사랑, 증오, 지상의 허상들이
그가 던진 혼불에 실려있다.
하늘에서 들에서 암반 속에서
생명의 소리가 새벽을 부수며
새순처럼 차오른다.

삼가 故 박명용 교수님의 영전에 감사와 축복을 기원한다.

지금도 마음 아픈 것은 홍산 옥기에 한참 미쳐있을 때 교수님의 부음을 듣게 되었고 어려움에 처한 나는 참석조차 할 수 없었다는데 지금도 아픔이 남아있는 것이다.

가슴 깊숙한 곳에 빛처럼 남아있는 균열의 상흔들이 살얼음처럼 쩍쩍 갈라져 내린다. 그렇게 나의 홍산 옥기에 대한 열망은 컸었고 후회와 번민의 시간을 내 가슴에 증식시켰다. 나에게 시를 가르쳤고 나에게 인성을 가르치셨던 그분에게 후회의 시간이 되어버린 과거를 만든 내 자신에게 인생의 깊은 통찰과 후회를 안게 되었다. 또한 내 인생의 중요한 터닝 포인트가 되어 돌아온 결과물은 영광과 성취감도 공존했다.

그 깊은 시간의 정수리에 살뜰히 간직한 홍산 기물들의 얼굴들이 한 점 한 점 실한 알곡처럼 내 가슴에 들어와 박혔다.

아직도 못 다한 그에 대한 마음의 빚을 갚을 시간은 내가 홍산 기물로 인한 모든 사업에 성공하는 그 순간일 것이다.

그래서 지금도 나는 잊지 못한다. 아무것도 모르는 문학도인 나에게 기초를 다져주신 그에 대한 그리움과 나의 번민이, 홍산 옥기로 인해 멀어진 까닭에 홍산 옥기로 하여금 그와의 신뢰를 되찾게 되는 그날을 위하여 나는 지금 이 책을 쓰고 있고 또 박물관 사업에 인생을 거는 모험을 서슴없이 자행하는 것이다. 이 모든 것은 경제적 논리 앞에 부러진 신의 이기 때문에 이 옥기들로 하여금 경제적 논리가 어울리는 충분한 기회를 되찾고 싶은 것이다.

늦가을

까마귀떼 우는 소리에
홍시가 깜짝 놀라 떨어진다.
나뭇가지에 매달린 하늘
그 아득한 낙차

바람에 쫓기던 나뭇잎이
위태롭게 회전하고
먼산의 능선이 날카롭게 내려와 박힌다.
허공을 떠돌던 구름
해거름으로 날아간다.

누가 죽었나.
까마귀 떼 우는
노을에 익은 황톳길
검은 그림자 이끌고
붉은 상여가 지나간다.

『예술창작은 매주 이른 시기에 시작 되었다. 오리건 주 캐스 캐디아에서 나온듯한 가장 오래된 암면조각 Petroglyph(새시거나 끌로 파서 그린 암석화)은 기원전 7000년대 까지 거슬러 올라간다. 하지만 이때 그려진 그림은 기하학적 무늬, 선 또는 직선과 곡선이 함께 얽힌 무늬를 매우 도식적으로 표현한 것들이었다.

이 무늬에서 최초로 동물과 인간 모티브가 나타나긴 하지만 실제 모습과 가까운 표현은 거의 찾아볼 수 없다.

고대 시기 다음에는 '태평양기'로 불리는 시기가 이어진다. 이는 기원전 4000년대 중반부터 기원후 18세기까지 이어진다. 태평양기는 다시 세 부분으로 나뉜다. 태평양 초기(기원전 4400년에서 기원전1,800년), 태평양 중기(기원전 1800년에서 기원후 1세기 까지), 태평양 후기(175년경 근대가 시작 될 때까지)

기원전 4000년대 초반 이후 미국 서부해안의 기온은 점점 더 낮아지고 습해졌다. 특히 여름에 이런 현상이 더욱 뚜렷했다. 해수면은 약간 변해 기원전 3000년경에는 오늘날과 같은 해안선을 형성했다.

태평양 초기의 식량 조달에서 고기잡이와 연체동물의 이용은 매우 중요했다. 이는 해안가를 따라 발견된 수많은 조개무지로 확인된다. 그 중에는 고대기에 만들어진 것도 있다. 여기서 특이한 것은 조개무지 속에서 무덤이 발견된다는 점이다. 이는 그때까지는 없었던 장례 형태였다. 또한 크게 주목을 끄는 점은 세석기가 거의 발굴되지 않고 그 대신 일부분이 뚜렷하게 장식된 자루가 달린, 섬세하게 가공된 창촉과 화살촉이 제작되었다는 점이다. 또한 다량의 납작한 손도끼와 암석으로 만든 다른 도구들도 발견된다.』

– 헤르만 파르칭거 나유신 옮김 『인류는 어떻게 역사가 되었나』 중에서

발리연가

밤바다는 적막의 바람 속에 갇혀있었다.
나도 그런 모습으로
밤바다에 갇히고 싶었다.
섬 위에 세워진
바람으로 떠돌다가 잠시 머무는 집처럼
나는 늘 여행 중이다.
발리 처녀의 입술을 훔치고
치마를 훔치고
밤바다에 몸을 던진다.
살아온 날들의 흔적이
조금만 더
아프지 말았으면 싶다.
내가 밤바다에 갇혀사는 것처럼
밤바다는 연인을 품고 산다.

위에서 언급된 헤르만 파르칭거의 저술에서도 알 수 있듯이 인류는 이미 기원전 3000~4000년 전부터(세석기시대) 화살촉을 가다듬고 도끼를 가공하였다. 이렇게 동서양이 동시대에 비슷한 도구를 쓸 수 있었다는 것은 어쩌면 교통의 수단 또한 우리가 아는 이상의 원활한 방법이 있었을 수도 있다는 것이다. 아니면 전쟁과 급작스런 기후의 변화에 적응하면서 생긴 인구 이동이 가져다 준 문물의 발견 현상일 수도 있을 것이다.

분명한 사실은 인간은 끊임없이 이동하면서 기후의 주변 환경에 적응해 왔다는 사실이다. 주로 집단생활이 이루어진 장소로는 먹이가 풍부한 지역을 따라 이동하다 보니 자연히 강을 따라 다녔을 것이고 교통로 또한 수상과 가축을 이용한 방법이었을 것이다. 중국과 발해 쪽에 옥기가 많이 출토되는 이유는 당연한 것이다.

첫째, 옥기란 썩거나 쉽게 형체가 없어지는 것이 아니다. 또한, 남다른 매장문화가 존재했기 때문이며 그들은 영성이 강했기 때문에 기원문화에서 오는 부장품이 많았다는 사실이다.
특히 동남아 일대엔 유럽의 대리석보다 흔한 옥기류가 많아서 그들의 순수 예술혼을 불태울 수 있는 충분한 조건 형성이 잘 이

호숫가에서

잠든 호수에 동동
보름달 뜨면
억새풀 취기 세우며
떠나는 바람
그 바람 속에 언제나 네가 있다.
찢어진 구름사이
손사래 치며 날아가는
기러기떼
그 속에 내가 있다.

루어졌다는 것이며 강기슭을 따라 풍부한 양식은 그들의 집단생활과 지배계급과 피지배계급이 존재하게 했다는 것이다.
 바로 그 결과의 산물이 동서양이 따로였던 인류의 유물인 홍산 옥기들인 것이다.

홍산 문화가 우리 것이라는 사실을 안정전의 역주 환단 고기를 읽어보면 소상히 알 수가 있다.

『환단 고기는 안함로의 삼성기 상편과 하편을 읽으면 인류의 창세 역사와 잃어버린 한민족사의 국통맥을 바로 세우는 근간이 된다. 특히「삼성기」상은 신라를 크게 부흥시킨 진흥황의 손자인 26세 진평왕(재위 579~632)시대에 쓴 책으로 현존 사서 중에 우리의 국통맥을 밝힌 가장 오래된 사서이다. 불과 4쪽 남짓한 짧은 글이지만 이 기록은 인류의 시원 국가인 환국에서 배달, 고조선, 북부여를 거쳐 고구려와 신라에 이르는 한민족사의 맥을 압축하여 전하고 있다.

환국과 배달에 대해「삼성기」하는 환국의 열 두 나라 이름과 배달의 18세 환웅천황의 이름 재위 연도까지 상세히 전한다. 하지만 환국을 계승하여 세운 나라가 신시에 도읍을 정한 '배달'임을 밝힌「삼성기」상과 달리「삼성기」하는 환웅 천황이 무리 3000명을 이끌고 도착한 곳이 신시라는 사실만 기록하였다.
그런데「삼성기」하는 환국시대가 시작되기 이전의 인류 역사, 즉 현 인류의 시조인 나반과 아반에 대한 기록을 남겼다. 그리고 환국의 실존에 대해「삼성기」상이 "오환건국이 최고다.(우리환족이 세운 나라가 가장 오래 되었다.)"라고 선언한 것을,「삼성기」하는 "석유환국(옛적에 환국이 있었다.)"이란 말로써 다시 확인시켜준다. 특히 석유환국, 네글자는『삼국유사』「고조선」조에서도 선언되는 한국사의 기원에 관한 명구이다. 또한「삼성기」상에서 "치우천황이 계시어 청구를 널리 개척하셨다."라고 약술한 것을,「삼성기」하는 천자의 자리를 노리고 군사를 일으킨 서방록 헌원을 배달의 치우천황이 탁록 벌판의 대전쟁에서 기록하여 배달겨레가 청구를 개척한 과정을 자세히 밝혔다.

요컨대 두권의「삼성기」는 서로 음양 짝을 이루어 인류와 한민족의 시원사를 드러내주는 소중한 사서이다. 고조선사의 전모를 밝혀주는『단군세기』는 초대 단군인 단군 왕검에서 마지막 47세 고열과 단군에게 이르기까지 역대 단군의 이름, 재위 년수, 업적과 사건 등을 중심으로 연대기 형식으로 기술한 사서로 2096년 동안의 고조선 역사를 전하였다.『단군세기』가 전하는 고조선 정치의 가장 큰 특징은 삼한관경제이다. 나라를 삼한(진한, 전한, 마한)으로 나누어 다스린 삼한관 경제의 관점에서 고조선사를 살필 때 고조선의 국내정치는 물론 중국, 일본 등과의 관계까지 제대로 파악할 수 있다. 또한 『단군세기』도 상고 시대 내내 한민족과 인류의 정신적 지주였던 신교의 다양한 풍속을 전하여 현 인류 문화의 뿌리를 깨우쳐 준다.

나뭇잎 떨어지다.

응급실 밖으로
누군가 실려나간다.
정원수 한 그루 온몸으로 흔들렸다.
나뭇잎 경련 속으로
검은 양복의 무리들이
개미 떼처럼 줄지어간다.
여름날
천의 햇살로 눈부셨던
시간의 탯줄을 끊으며
바람 속으로
뚝뚝
떨어지는 나뭇잎
문득 시계를 들여다보니
구멍 난 생이 나뭇가지에 걸려 있다.

신교의 풍속 중에서 천제는 가장 중요하고 핵심적인 것이다.

천제는 환국과 배달 이래 각 시대와 나라마다 다양한 이름으로 행해진 동북아 최대의 제권이었다.

『단군세기』는 고조선시대 역사 단군이 매년 하늘에 계신 삼신상제님께 천제를 올려 삼제님의 덕을 찬양하고, 천제를 거행한 후에는 온 백성과 더불어 음주가무를 즐기며 큰 잔치를 벌였음을 밝히고 있다.

『단군세기』는 고조선의 경제에 대한 중요한 기록도 담고 있다.

흔히 중국의 주나라 때 고조선에서 먼저 실시하였고, 이후 중국으로 전파된 것이다. 또한 우리는 『단군세기』를 통해서 우리 민족이 B.C. 2100년경에 벌써 패전이라는 화폐를 만들어 사용하였고, 세금제도를 시행하였음을 알 수 있다.

『단군세기』의 가치는 그 서문에서도 빛을 발한다.

서문에서 " 나라는 형체와 같고 역사는 혼과 같으니, 형체가 그 혼을 잃고서 보존될 수 있겠는가."라고 하며 나라와 역사의 상호관계를 강조한다. 당시 고려는 원나라의 부마국으로 전락하여 '국호를 버리고 원나라와 합치자.' 라고 주장하는 간신배가 들끓던 때였다. 이러한 세태의 원인을 『단군세기』 서문에는 '나라에 역사가 없기 때문'이라고 통탄하며, '나라를 구하는 길이 바로 역사를 배우는 데에 있다'고 선언한다.

잃어버린 고리, 부여의 전모를 밝혀주는『북부여기』는 고조선을 계승한 북부여와 북부여에서 갈려나간 동부여, 갈사부여, 서부여 등 여러 부여사를 총체적으로 기록하여 부여사의 전모를 밝혀준다.

이 사서는 북부여의 건국 시조인 해모수의 실체를 처음으로 밝힌다. 또한 고구려의 시조로 널리 알려진 고주몽이 원래는 북부여 6세 고무서 단군의 사위로서 북부여의 7세 단군이었다는 사실도 밝힌다. 그리하여 북부여의 대통이 고구려로 이어졌음을 만천하에 드러낸다.

『북부여기』덕분에 고조선에서 북부여로, 북부여에서 고구려로 이어진 한민족사의 국통맥을 제대로 잡을 수 있게 된 것이다.『북부여기』는 또한 만주와 대륙에서 여러 부여사가 진행되는 동안 고조선 강역에서 펼쳐진 또 다른 한민족사를 전한다.

연나라에서 망명한 위만이 준왕을 배반하고 왕권을 탈취한 사건과 최숭의 낙랑국건설, 한강 이남의 새로운 삼한(남삼한) 건국 등을 기록하였다.

0시의 포장마차

어둠의 살점이
허기에 지친 듯
포장마차 안을 기웃 거린다.
꼼장어로 꿈틀대는
낯선 이야기를
슬픈 듯 퍼 마시며
유령처럼 떠도는
밤의 분신들
세상은 몽롱하다.
밖에는, 어둠의 입술이
죽음처럼
빗장을 걸어 잠그고
더 큰 새벽을 기다린다.
천변은 젊은 여인처럼
어둠의 지퍼를 내린다.
내가 아침이 올 때까지 거기 있다.

고조선이 망하고 고구려가 세워지기 전까지, 대륙과 한반도에서 전개된 한민족의 격동의 역사를 기록한 사서가 바로『북부여기』이다.

이 책이 없었더라면, 고조선의 마지막 임금인 고열가 단군이 퇴위한 B.C.238년에서 고주목이 고구려를 연 B.C.58년 사이의 한민족사는 미궁에 빠졌을 것이다.

『북부여기』 덕분에 고조선과 고구려 사이의 잃어버린 고리(missing link)인 부여사를 찾을 수 있게 되었다. 9천년 한국사에서 가장 파악하기 어려운 부분이 부여사 인데,『환단 고기』는 부여사 전모를 이해하는데 결정적으로 기여하고 있는 것이다.

신교원형문화의 기틀을 밝히고 한민족사를 집대성한『태백일사』는 총 8원으로 환국에서 고려까지, 근세 조선을 제외한 민족사의 국통맥 전체를 기록하였다.

제 1권「삼신오제 본기」는 천상에 만물의 존재 근거인 삼신이 계시고, 그 삼신이 다섯 방위의 주재자인 오제를 통솔함을 밝힌다.

오행 사상의 출원처가 곧 삼신사상인 것이다.
「삼신오제 본기」는 삼성조(환국, 배달조선)시대의 정치, 종교, 건

축, 의식주 생활 문화를 구성하는 중심사상인 삼신 철학을 담고 있다. 그렇기 때문에 『태백일사』의 서두를 「삼신오제 본기」로 시작한 것이다.

환국과 배달의 역사를 기록한 「환국본기」와 「신기본기」가 제 2권과 제 3권을 이룬다.

특히 「신기본기」에서는 배달 문명의 3대 부역인 태호복희, 염제신농, 치우천황의 역사가 체계적으로 전개되고 있다. 중국인들이 인류문명의 시조라 칭하며 높이 받드는 태호복희에 대해 그 혈통의 비밀과 실체가 충격적으로 밝혀져있다.

사이공에서

강이 흐른다.
흐르는 강물은
생의 저녁 같다.
황토바람 날리던 시절이
꿈결같이 다가온다.
혼돈의 점멸등 뒤로 비가 내리고
거리를 빠져 나온 여인
비상등 깜박이며 다가온다.
나는 강물 속으로 들어간다.
강 한가운데
유미주의자가 살고 있었다.
악어가
섹스 중이다.

제 4권 「삼한관경본기」는 고조선역사를 기록하였다.

고조선의 중심체인 진한의 마흔 일곱분 대단군을 중심으로 서술한 「단군세기」와는 달리, 「삼한관경본기」는 주로 고조선의 마한(한반도)과 번한(요동, 요서지역)의 역사를 기록하였다.

『태백일사』를 『단순세기』와 연결해서 보면, 고조선뿐만 아니라 당시 동북아의 국제정세를 환하게 파악할 수 있다.

제 5권 「소조경전본훈」은 신교 시대 한민족의 경전인 『천부경』, 『삼황내문』, 『삼일신고』, 『신지비사』, 『참전계경』 등의 유래와 내용을 전하고 있다. 또한 「소도경전본훈」은 오행치수법이 바로 배달의 칠성문화에 뿌리를 두고 있음을 밝혀준다.

무엇보다 하늘에는 삼신, 땅에는 삼한, 인간에게는 산진이 있음을 밝힌 것은 신교 삼신문화의 핵심을 전한 것이라 하겠다.

제 6권 이후의 3권은 「고구려 국 본기」, 「대진국 본기」, 「고려국 본기」로 고구려, 백제, 신라의 삼국 시대, 고구려의 후신인 대진(발해)시대, 대진과 신라의 남북국 시대를 이은 고려 시대의 역사를 기록하고 있다.

한민족의 9천년 역사와 문화가 처음부터 끝까지 고스란히 「태백일사」 한 권에 집대성되어 있는 것이다.

뿐만 아니라 『태백일사』는 동북아 한민족과 인류의 문화와 역사를 이해하는데 결정적인 요소인 신교의 총체적인 모습을 전하고 있다. 신교의 우주관, 신관, 인간론 등의 핵심사상, 신교의 가르침이 담긴 3대 경전, 신교의 수행문화, 고유한 생활 풍습 등을 소상히 기록하였다.

한마디로 『태백일사』는 신교문화역사서의 완결판인 것이다.』

- 안정전 역 『환단 고기』 중에서

낡은 앨범 속의 소녀

하늘
머—언
구름 속에
숨은
낡은
흑백
사진
한장

삭막한 오지의 숲이 되어버린 혹은 사막화가 되어버린 반만년의 찬란했던 문명의 씨앗들이 오랜 숙면 끝에 세상에 나오는 현세의 영광 속에서 우리 같은 촌부들이 동참할 수 있었음에 필자는 여한이 없다. 오로지 이 위대한 문화의 잔형들이 수많은 우리들의 미래에 태어날 후손들에게 참교육의 장으로 다시 태어나기를 마음 깊이 바랄 뿐이다.

겨울산

산은
털갈이 하는 짐승마냥
덜 떨어진 모습으로
산을 지키고 있었다.
나를 잃어버린 내가
낡은 스크린처럼 돌아가고
첼로를 연주하듯
나뭇가지는
겨울바람을 울리고 있었다.
아무도 없는 겨울 산
어디서
어디로 가는 것일까
벌거벗은 나뭇가지들은
하늘을 향해
두 팔을 활짝 벌리고 서서
무엇을 염원하는 것일까
거기 그 자리엔
하얀 눈
나의 한처럼 수북이 쌓여있었다.

어설픈 글쟁이를 표방하던 한낮 소상인에 불과했던 필자가 홍산문화를 집필하게 된 까닭은 단순무식한 동기에서다.

중국 용단 박물관이 펴낸 문명기원이란 책을 보고 감명받고 나서부터인데 아쉬움이 컸다.

온통 한문으로만 설명된 이 책속에서 오로지 그림으로만 감을 잡아야 했다. 또한 존경하는 정건재 박사의 〈Jade Culture of the Dongyi 東夷〉란 책을 보고 영어실력이 짧은 필자로서는 큰 아쉬움이 있었다.

안정전 역주의 환단 고기를 보고도 해설에 대한 어려움이 컸다. 그나마 이금화 선생의 흑피옥을 읽었으나 사진 위주의 책이라 영 개운치 못했다 해서 필자는 순수 우리말로 홍산 유물을 세상에 소개하기로 결심하게 되었다.

잃어버린 시계

오, 눈부신 육탈
살 비벼 부둥키던 아버지
시간의 뼈대로 남아서
세월만 털어내고 있었다.
하관식 때 묻었던 시계
보이지 않았다.
무덤 속 어딘가 꽁꽁 숨어서
아직도 못다한
육탈의 시간을 재고 있나 보다
체온 속 시계는
그 날처럼 따스하게
돌고 있을까
몇 분 몇 초였을까
초침이 멈춘 시간은
돌아온 시간보다
멈춘 시간이 허다할
기나긴 동면을 뿌리치듯
겨울 나뭇가지에 머물던
바람 한 점
어디론가 급히
떠나고 있다.

시간의 뼈대 위에서 번민과 성취를 안겨준 아버지 그는 천상의 창문 아래로 나를 지켜보고 계신가 보다.

홍산의 찬란한 성곽을 완전히 쌓아 놓는 날 아버지의 미소는 나를 찾겠지.

먼 과거로부터의 편지가 나에게 쏟아지는 눈부신 오후, 발해연안의 총총한 문명의 빛들이 밤하늘의 별처럼 가슴에 회오리친다.

전문성이 떨어진 필자로서는 많은 난관에 부딪혔다 하여 안정전 역주의 환단 고기와 나유신 박사가 옮긴 헤르만 파르칭거의 『인류는 어떻게 역사가 되었나』와 같은 훌륭한 책들을 인용하게 되었음을 밝히고자 한다.

중국의 서강이 쓴 홍산 문화 고옥 감정 등 수십 권의 책을 보았으나 언어의 장벽을 뚫고 시원하게 나의 가슴을 적셔줄 책은 없었다.

이제 이 미약한 책이나마 한국인의 읽어버린 역사 바로 찾기에 도움이 되었으면 하는 마음이 간절하여 여기에 이 책을 바쳐 온갖 부끄러움을 무릅 쓰고 세상에 내어놓는다.

한강

저 강
여의도와 마포를 가르더니
사랑을 속삭인다.
무섭도록 엄청난 늑대의 눈빛을 하고
언젠가
내가 죽은 후에도
저 강 여의도와 마포에
소곤소곤 아파트를 짓겠지
내가 그를 잊지 못하듯
그도 나를 잊지 말라고
그도 나를 잊지 말라고
그날도 오늘처럼
속삭임 따스하겠지
침묵보다 무서운

나비

꽃길 스쳐오는
냉매의 바람 속
그대 훌라춤을 추는가
음유시인
칼릴 지브란의
영혼을 훔치듯
꿈틀대는 본능 속
아슬한 속삭임의 차양 아래서
봄의 씨앗을 본다.

홍산이 준 나의 의미는 지극히 맑고 투명하다. 깊고 깊은 역사와 찬란함이 함축된 문명의 이름으로 촌부의 가슴을 이토록 뛰게 한 것이다.

학자나 장사꾼이나 하나같이 좁은 이기심으로 가득 차있는 세상의 한가운데서 나는 언제나 깊은 외로움을 느끼며 살아왔다.

자신들의 지식이 오직 삶의 수단의 하나라 여겼던 그것은 곧 지적 재산이라 여겼으며 알량한 무형의 재산 정도로만 알고 악이용하는데 급급한 세상이었다.

그 일례로 난 홍산 유물에 미쳐 홍산 기물이 있는 곳이면 어디든 찾아 다녔고 마침내 한국은 물론 스스로 생각하기를 세계 제일의 홍산 유물 소장가임을 자부하기에 이르렀다. 그런데 일부학자와 상인들은 홍산 기물에 대한 진실을 이야기해 주지 않았다.

 어느 누구도 입술에 지퍼를 내리고 홍산의 위대함을 혼자만의 비밀로 간직하려 했다. 그러나 열정 하나만으로 홍산의 이치를 터득한 나는 세상의 한가운데 홍산 유물 감정법을 공개했다.

 우선 여러분들이 부정했던 홍산의 붉은 색 옥기들이 왜 흰 백옥이 붉어야만 하는지에 대한 해명이 바로 그것이었다.

 처음엔 모두가 홍산 옥기가 붉은 색이 된 것은 가짜라는 것이다.

상지리에는 까치가 운다.

빛바랜 앨범 속에서
찔레순 같던 나를 찾았다.
실개천 바위에 앉아
호도물 들이던 순이도 찾았다.
상지리에는 까치가 운다.

그러나 나는 말했었다.

아니다. 이것은 당연히 붉어야 한다 하고 말했다.

그 이유는 먼저 홍산의 구성성분 때문이었다.

붉은 홍산의 재질은 유달리 철 성분이 많았고 경면주사가 많았다.

장대천의 홍산 그림마저도 붉은 산을 그렸듯 홍산은 그 성분 탓에 붉은 산인 것이다.

중국은 붉을 적에 봉우리 봉자를 써서 적봉이라 불렀고 우리는 붉을 홍에 뫼 산자를 써서 홍산이라 불렀다.

자연히 결과는 들어난 것이다.

백옥의 성질은 흡수를 잘했고 그러므로 수천 년 이상 지하에서 침출수나 산소의 미세한 이동을 통해 경면주사의 성분과 철 성분이 백옥에 친써현상을 일으켰을 것이다.

그러므로 붉다고 필자는 역설했고 어느 중국의 고대옥 감정사는 필자에게 고개 숙여 경의를 표한 바 있다.

이렇게 모든 지식은 좀 더 많은 이들에게 알려 주어야 하고 공유해야 한다 라는 것이 필자의 간절한 소망이다. 그럼으로써 좀 더 정확한 과거사와 미래사가 명확해지는 것이 아니겠는가.

그리고 너무나 찬란했던 문명의 아름다움이 세세 천년 이 땅에 되살아나는 것이다.

그러므로 필자는 미흡한 지식으로나마 감히 용기 내어 이 책을 쓰게 된 것이다.

돈키호테 소릴 듣는 건 아닐까?

당연히 모자람이 보일 것이기에, 많은 이해와 용서를 바라면서 필자는 용기 내어 세상에 홍산 문화-시한수, 홍산에 묻다를 바친다

문창시장

좌판 구석에
햇살이 퍼질러 앉아 있었다.

드럼 깡에서
부서진 생선 궤짝이 불타며
태우지 못한 지난밤의
불면을 사르고 있었다.

얼음 더미엔 쓰러져 널린 동태 눈알이
허공에 매달린 주소를 응시하고 있었다.

질펀한 바닥을 디뎌선 채
짙은 땀내와 가난한 마음들이
나루터에 머문 조각배로 늘어져 있었다.

사람들의 흔적이 방울처럼 떨어져
촛농으로 녹아있는 구석

사투리가 오가는 시장 샘터에
희나리 같은 육신

질펀하게 녹이는 사랑이
불티 속에 숨어
하얗게 타고 있었다.

저 깊은 표정에는 오천년 세월의 깊이보다 더 진한 사랑, 더 깊은 본능이 묻어난다. 힘찬 골격의 헤아릴 수 없는 표정과 자세 남녀의 삽입 부분에 묻힌 두꺼운 리비도적 선이 오늘날의 가벼운 선과는 차별화되고 있다.

자아란 세계와 구별된 인식이나 행위의 주체를 말한다. 또한 심리학에서 자신에 대한 의식과 인간의 덧없는 행동을 현실에 적응시키는 것이라 가정한다.

자아란 생각, 감정 등을 통해 외부와 접촉하는 행동의 주체로써 '나 자신'인 것이다. 그런데 우리가 욕구하는 큰 자아(Super_ego)가 너무 강하다 보면 자칫 강박증에 시달릴 수 있다는 것이다.

리비도와 초자아 사이에서 시달리다 보면 다중인격화 현상이 나타날 수 있다고 프로이드는 말한다.

환원불가 (진찰실 앞에서)

방금 산 티켓에서
빨간색으로 밑줄 친
'환원불가'

보이지 않는 선으로 잘린
이승과 저승의 끝 좌석 동구 밖
아이들의 함성으로 날던
버드나무 같은 인연
대기실에 앉아
잔을 든다

예고 없이 찾아온 불청객은
가슴을 짓누르고
창 밖에는 어둠이
긴 장막을 늘어뜨리고 있다.
잠시 절망의 늪으로 빠져드는
밤의 긴 터널 환원불가
작별의 손을 든다.

인생에서 애로가 빠진 삶은 어쩌면 삭막할 것이다.

리비도와 자아의 적당한 조합만이 아름다운 삶의 정도가 아니겠는가?

그런 의미에서 이 조각상은 깊은 감명을 더하는 것이다. 또한 우리 인류가 국가적 형태를 띄지 않았다고 생각하는 먼 과거에 이미 강력한 통치 수단이 되었을 것으로 보이는 도구와 장신구들이 신전에 찬란히 남아있다는 사실이다.

위대한 인류 문명의 시원이 담긴 이 유물이야말로 영원한 미스테리인 것이다.

목척교

목척교 난간에 매달린
옥천 댁 포장마차에서
마시는 소주는 달다
이 빠진 접시 위에
구워 놓은
한 마리의 고등어
여기엔 영혼의 물갈퀴를 잘라놓은 듯
세월이
토막 나있다.
칠흑 같은 어둠의 세월
한줄기 별빛
낡은 전등 아래서
희망처럼 속삭이던 소리
귓바퀴를 깨물던
곡마단 트럼펫 소리가 있었다.
빈 소주잔에 어리는
허연 머리칼 속에서
그 소리가 들린다.
생생하게 들린다.

묵직한 케이스엔 은상감이 정성을 담았고 나비와 여왕벌 문양이 상감되어 있으며 한눈에 보아도 고급 목재와 상당히 실용적으로 만들어져있음을 알 수 있다.

나비문양과 여왕벌 문양의 의미는 왕급 이상의 신분을 의미하는 문양이다. 그러므로 이 기물은 왕이 전방 시찰이나 오랜 기간 수렵 등을 떠날 때 배우자에게 주고 간 듯싶다.

여인의 외로움을 배려해서였을까? 긍정적인 면에서 본다면 자상함이었겠지만 실소를 금치 못할 일이다.

이 물건이 실제로 사용 가능했던 것으로 보아 상당히 개방된 성 풍속의 한 예 일수도 있겠으나 원만한 성 생활을 찾을 수 없는 엄연한 부도덕성이 존재한다고 본다.

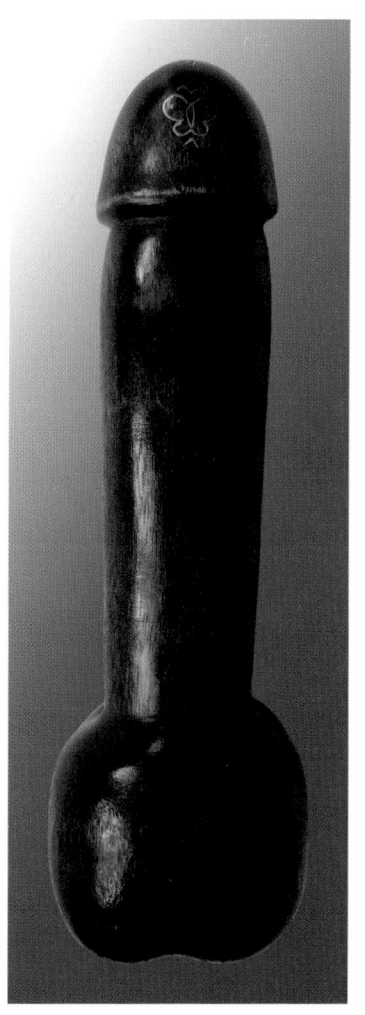

자연스럽고 순수한 인간애가 담긴 성에 자칫 깊은 상처를 줄수 있는 시대적 오류가 투영된 이 기물이 그 시대의 성과 남성들의 우월성과 권력의 상징성이라면 대단히 비인간적임을 엿볼 수 있겠다.

적색 신호등

파란불 보고
그대 자궁속으로 뛰어 들었다가
적색경보 울려
황급히 빠져나와 보니
물을 떠난 물고기처럼
헉, 헉
가쁜 숨 몰아쉬다
죽어버릴 처절한 황홀

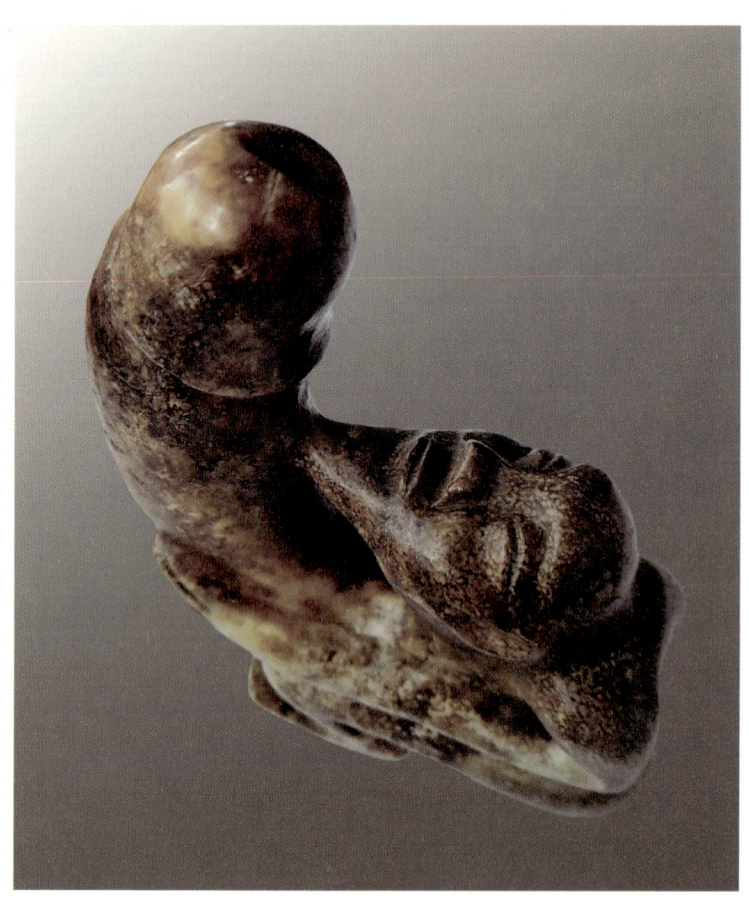

홍산 문명은 5000년 전에 이미 신전을 구축해놓을 정도로 엄청난 세력권이 형성 되었던 고대국가 속에 존재했었음을 알 수 있다. B.C.350년경에서 B.C.24세기경 요서지방을 중심으로 발전한 우리들의 신석기 문화다. 위 기물을 보면 볼수록 묘한 구석이 있다.

자신의 거포를 잔뜩 발기 시켜놓고 수염을 가져다 대는 자세 속에서 깊은 해학과 통찰 그리고 리비도에 대한 순수하고 짜릿한 전율을 느낀다.

위 심각한 크랙이 간 기물은 수만 년은 아니더라도 수천 년은 당연히 지난 세월감이다.

미세한 물방울이 흘러 흘러 골을 만들고 크랙을 만든 천추의 조형물 앞에서 우리 머리 숙여 경건함에 떨어야 할 것이다.

고향

그곳에 가면
나는 발가벗고 눕는다.
그곳에 가면
죽었던 욕망의 뿌리가
담장을 타고 넝쿨째 굴러들어 온다.
그곳에 가면
한낮에도 바람에 드는
박하향이 물처럼 퍼진다.
그곳에 가면
그곳에 가면
지상에서 마지막
하모니카를 분다.

홍산의 옥기들은 영성문화의 근원 속에서 뿌리내렸음을 보여주는 걸작이다.

위 그림에서 보듯 조금은 과장된 듯한 남성의 그곳에 수호신격인 복합기형(반인반수)이 누웠다. 그것은 건강한 남성의 상징이기도 하다. 인구밀도가 지극히 낮았던 시절에 자손의 번창과 건강한 삶을 기원하는 간절한 바램이 깃든 형상인 것이다.

비단 남성의 사이즈만으로 건강함을 과시할 수는 없겠으나 일단 남자의 상징이 튼튼하고 건강미 넘쳐야 에로에 대한 상상의 나래 또한 몽환적이며 애착이 가는 것이 아닐까 한다.

현대적 기계나 아무런 장비도 변변찮았던 신석기 시절에 고도로 발전된 형상의 조소가 이루어졌음은 위대한 일이다. 고도의 전문성을 요하는 집단 생활군이 존재하였음을 증명하는 현상인 것이다.

샤워

너와 나
둘 뿐이었네
이층 난간에서
벽돌 한 장의 두께를 사이에 두고
소돔 고모라의 원죄 나누기
이제 그만 씻어야 할까
모토보트의 속도를 줄여야 하리
모니터를 질주하는
마우스에서 손을 떼야 하네
새끼 없는 애무
깨끗이 씻어야 할 걸세

홍산 시대 현재의 중화인민공화국 네이멍구 츠펑시와 랴오닝성 조양시 일대를 기반으로한 Y벨트 내에서 나온듯한 기물로서 특이하게도 등에 남자의 상징을 짊어진 듯한 형상을 한 멋진 기물이다 배가 나오고도 페니스를 등에 짊어진 듯이 소유한 여인상이다.

몸살

파도라면
몸살을 앓아야 할 뿐
나무라면
꺾인 가지로 남아야 할듯
지친 발걸음 옮기다
오일장 구석에 놓고 온 사연 다시 만날 수 있다면
부르튼 발 끌고 밀고 다시 가겠네
나날이 돌이 되어가는 나
파도라도 타고 가겠네

영성 문화의 상징성이 크다고 하겠다.

홍산 옥기 남녀 교합상은 사람이 사람을 만나 사랑과 생산에 한 시대를 아우르는 대서사인 것이다.

자아의 무게에 맞서는 여린 감성의 흐느낌들이 쓸쓸한 시간의 그림자 속에 갇혀 오랜 시간을 달려 상실의 시대에 다시 태어난 것이다.

오늘 아침 당진에서 경덕 아우에게 전화가 왔다.

그는 충남에서 자신의 이름을 딴 오경덕 미술관을 개관하였고 지금도 전업작가로서 열심히 창작활동에만 전념하고 있다. 일찍이 고암 이응노 선생과 설봉 김두환 선생에게 어린나이에 사사를 받았으며 이미 개인전 31회 단체전 183회를 치른 열혈 작가다.

그럼에도 미술관 운영에 힘들어하고 있다.

이 아름다운 상실의 시대에 아픔을 헤쳐나갈 희망과 용기의 시간이 우린 필요한 것이다.

일본작가 오토다케 히로타다는 그의 저서 오체불만족에서 "노력 앞에서 세상에 불가능은 없다."고 역설하고 있다.

우린 지독한 상실의 시간 속에서 긴 역사를 쓰고 있는 것이다.

―반만전전 홍산의 아침에 씨뿌린 찬란한 문명의 씨앗 속에서

홍산의 대표적 기형 중 하나이며 이 기물의 원재료는 백옥이다. 헌데 왜 붉은 색인지 의문이 생길 것이다.

그 이유는 전자에도 홍산 문화편에서 서술한 바 있지만 홍산(적봉)의 주성분이 철성분과 다량의 경면주사로 이루어져 있기 때문인 것이다. 이 기물은 특히 동물 형상인데 동물들이 취하는 일반적 체위가 자연스럽게 표현되어 있는데 고대인들은 사물의 사실을 유심히 보고 관찰된 내용대로 조각하고 그리는 경향이 짙었던 것이다.

흔적, 가을

바람
맨몸으로 분다.
가을이 뚝뚝 떨어지는
계절의 무게 아래
사람들,
하나 둘
어디론가
천천히 가고
발길에 밟히며 뒹구는
가벼운 낙엽의 언어
무성했던 여름을
골똘하게 기억하며
길 위에 길이 되어
무심하게 밀리고 있는
텅 빈 가슴
어디쯤 가다가
보이지 않는 바람에 막혀
제자리에 우두커니 서있는
떠남의 흔적

특히 필자가 아끼는 홍산 옥기 이다. 기물의 표정과 얼굴형상이 남다르다. 마치 외계인 비슷하며 콧날이 서양인처럼 서 있는 골격을 하고 있다. 또한 하늘을 향한 남성이 여인의 은밀한 곳을 향하여 붙었다. 청옥에 검은 점을 수반한 이옥은 상당히 귀한 옥이며 여인의 두 손은 가지런히 자신의 유방을 받쳐들었다.

먼 곳을 향하여 미소를 활짝 짓듯이 서있는 특이한 기형으로서 예술성이 대단히 뛰어나다. 헤어스타일 또한 자연스런 고대인의 모습인 것이 특징이라면 특징이다.

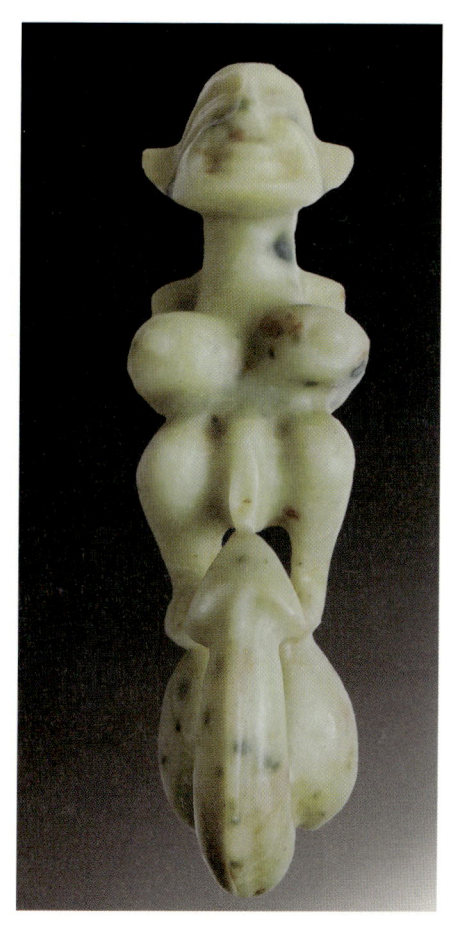

바이러스

멀티비전 속
본능 클로즈업 된다.
바이러스가 온몸에
클레오파트라의 불꽃을 피운다.
마침내 장벽을 허물며 꾸물꾸물
다가온 바이러스
순수를 가장한다.
빨간 신호들을 확인한 순간
나는 내 몸속에 냉매를 넣고
타인처럼 몸을 떤다.
바이러스가
내 몸 안에서 자란다.

이 기물의 재질은 홍산 백옥이며 마치 애벌레 형상을 띤 듯이 보이나 실상은 남성을 표현한 듯한 모습이다. 사이즈와 기형의 모습이 지극히 섬세하다.

중국은 메소포다미아 문명보다 훨씬 앞선 문명이 황하 문명이며 그 이전에 인류 공통의 시원 문명의 뿌리가 발해 연안 문명임이 드러나자 큰 충격에 빠졌다. 드디어 그들은 장강 문화와 홍산 문화를 다민족 기원론 쪽으로 몰고 가는 것이다.

그것이 바로 문화 탐원 공정의 시작인 것이다.

초겨울 풍경

실오라기 옷마저 벗어던지고
나무는 고요히 잠을 청한다.
가지마다 실핏줄이 환하다.
조용한 울음 속으로 들어가는
마지막 잎새 긴 혀를 날름거린다.
저녁이 가까이 있다.
나는 이방인이 되어
초겨울 풍경을 바라본다.
내 속의 두꺼운 옷을 훌훌 벗어던지고
마른 나뭇가지로 서서
라마의 수도승 같은 삶을 꿈꾼다.
나는 전혀 아프지 않다.
나는 도무지 슬프지 않다.

흑피옥 남녀교합상이다.

손이 표정과 진지함을 보여주는 작품이다. 즉 손의 위치와 여인의 진지한 표정이 순수하다. 여인의 골격 역시 독수리 눈썹에 광대뼈가 툭 튀어 나온 것이 과거 홍산 근처의 고대 벽화 등에서 나오는 골격과 일치한다. 고대인들의 성도 현대보다 리얼했던 것 같다.

오감을 이용한 사랑을 했을까?

그런 것 같다.

정한수

이끼 낀 장독대 막사발에
감잎 하나 떨어져 있다.
별빛 찰찰 넘치던
금간 정한수 사발 속
등 굽은 할머니가 솟아오른다.

　새와 파충류를 닮은 듯한 형상 속에서 꼬리인 듯한 부분이 인간의 남성물 같아 보이는데 하늘을 향한 거포와 같다. 흑피옥이며 그 형상이 많은 생각 속에 태어난 피사체인 것이다.

남녀교합상

　홍산 시대 남녀교합상이며 청옥으로 되어있는 이 교합상의 인상은 매우 건강해 보인다.
　특히 허리선을 교량을 연결한 듯 이어지게 하였으며 가슴부위는 상당히 정교하게 표현 되었음을 느낄 수 있는 조각상이다.
　머리와 이마의 선이 선명하다. 입술 부위의 표현방법은 현대와 상이한 표현 방법을 썼다. 특히 유방 부위의 깊은 크랙은 반만년 시간의 흐름이 청옥 속에 고스란히 묻어 있어 자연의 아름다움이 오랜 시간 숙성되어진 형상이다.
　특히 현대인이 이 정도(남녀교합상)의 소조를 완성시키려 한다면 아이큐 150정도의 수재가 수개월은 생각을 다듬고 나서야 완성시킬 수 있다는 얘기를 조각을 전공한 어느 교수님에게 들은바 있다. 현대에는 찰흙이나 나무, 석고 등으로 재료를 사용하지만 신석기에 연장도 마땅치 않았을 시기에 이렇듯 정교한 작품을 완성시켰다는 것은 인류의 위대한 창의력과 기적에 가까운 불가사의가 아닐 수 없다.

이 형상은 정말 특이하다.

곰의 몸통에 양의 머리동물의 배에 쓰여진 고대어가 인상적인데 그 위에 특이한 C룡이 얹혀 있다. C룡 끝부분에 남자의 페니스를 연상시켰다. 용의 머리엔 닭 벼슬도 아니 유니콘도 아닌 뿔 같은 것이 우뚝 서 있다. 특히 C룡의 등 위엔 멋진 고대어가 쓰여 있다.

수없는 천추의 하늘, 천추의 별빛 아래 뜨거운 욕망의 심지는 아직도 활활 타오르듯 당당한 조각상에서 얼음장보다 더 차가운 이성의 칼날과 용암보다 더 뜨거운 욕망의 그림자를 본다.

이토록 복잡한 복합기형을 만들기까지는 고뇌의 시간이 얼마나 많이 흘러야 했을까?

해맑은 그들의 미소는 툰드라의 아침이슬보다 더 투명했을 것이다.

　반인반수상이 자신의 남성(거포)를 세워 놓고 입술을 애무하듯이 가져다 댄 기형이다. 어떤 상징성이 대단히 파격적이다. 고대의 성은 의외로 다양했나 보다.

　1,300년 전 신라시대의 성 또한 놀라운 비밀들을 간직하고 있다. 화랑세기 필사본에 마복자 제도란 게 있다. 즉 임신 중인 아내를 자기보다 높은 신분이나 존경하는 이에게 바쳐 성관계를 하도록 했던 제도이다.

　더욱 놀라운 사실은 한 명이 아닌 여러 명에게 바쳐야 했다. 최대한 많은 이들과 성관계를 종용했는데 그것 자체가 자랑이었다고 한다. 당시엔 자신보다 높은 신분이나 인품이 훌륭하면 임신 중인 아내와 관계를 맺음으로서 더욱 튼튼하고 총명한 아이가 태어난다고 믿었기 때문이란다.

마복자 제도란 이상한 풍습이었다.
지금의 상식으로 생각한다면 무지에서 오는 문란한 성생활일 뿐이다.

학계에서는 요즘 에스키모들이 손님에게 아내를 합방시키는 풍습이 흡사 우리 신라의 마복자 제도와 같아서 우리와 한핏줄 일 수 있다고도 한다.
신라시대에는 지금과 달리 근친혼이 당연한 사회였다.
지금으로서는 이해하기 힘든 일이지만 삼국사기의 내물왕 즉위 대목을 보면 고모, 이모, 사촌들과 결혼하는 것이 자연스러웠던 실예를 이야기한다. 하지만 신라시대에도 부모와 친자매간의 혼인만은 금하였는데 어머니와 성관계를 맺는 아들을 태형에 처한 기록이 남아있는 걸 보면 완전한 근친혼을 인정하는 사회는 아니었던 것 같다.

그러나 고대 이집트 18왕조 왕인 아메노피스 4세는 '신비한 파라오'를 자처했는데 첫째 아내가 그의 친모 티티 였으며 두 번째가 사촌누이 네프리 티티, 다섯째 아내가 친딸이었다.

그는 10명의 아내를 두었다.

고대의 성(sex)은 관념의 차이가 심하겠지만 상당히 자유스러웠던 것 같다.

그러나 그것은 순수한, 리비도에 충실한 어쩌면 인간 내면의 혈류 속에 못 박힌 부정할 수 없는 본능인 것일까? 현대사회의 통념으로는 도저히 용인될 수 없는 일들이 그 시절엔 자연스러웠었다는 사실이 많이 의아스럽다. 그러나 엄연히 인류사에 기록된(존재한)풍습이었으며 사건인 것이다.

과연 우리에게 성(sex)이란 무엇일까?

오직 인간만이 종족번식의 목적을 떠난 성관계를 한다.

즐김을 위한 성관계가 인간만이 누릴 수 있는 특권이 될 수 있는 것일까?

남태평양 멜리테시아 트로브리앤드섬 원주민들은 결혼 전 부모가 보는 앞에서 거리낌 없이 성관계를 했다고 한다. 그러나 결혼 후의 혼외 성관계는 곧 죽음을 의미했다.

하와이 섬 이나 원주민의 어느 부족은 형제들이 상대방의 자매들과 집단으로 결혼한다.

그리고 서로 상대방을 교환하고 자식을 낳는다.

태어난 자식이 형제자매의 누구와 닮아 있으면 닮은 사람이 부모가 되는 근친상간적인 가족구성체가 있었다.

대개는 5~6명 전후의 형제자매의 집단혼으로 한 명의 남자가 동시에 5~6명의 아내를 거느리고 똑같이 한 명의 여자가 5~6명의 남편을 거느리는 다부다처 혼인인 셈이다.

고대의 성은 이렇듯 다양했다.

당연히 유물에도 상상을 초월하는 기형이 나올 수 있는 것이다.

우리가 상상 할 수 있는 기형의 조각상들이 계속 나온다. 위대한 발상들이 아이러니하게도 지금 우리들의 눈앞에 찬란한 역사의 흔적으로 남아 빛나고 있는 것이다.

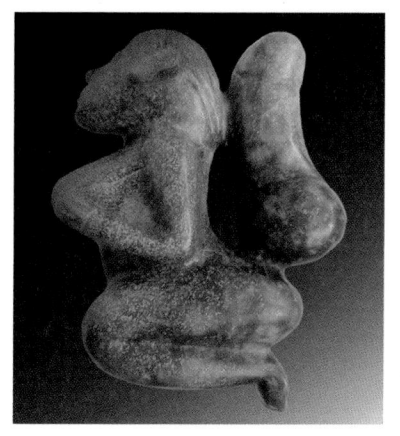

홍산 청옥으로 된 이 옥기의 형태는 등에다 거대한 남성기를 짊어진 독특한 기형인 것이다. 여인의 늘씬한 허리 곡선과 두 손으로 고이 바쳐 든 자신의 유방에서 느낄 수 있는 것은 어떤 성애가 아닌 신성에 가깝다 할 것이다.

단순한 성을 떠나서 종족번식의 염원에 무게를 둔듯한 느낌이 깊게 느껴진다. 특히 등짐처럼 기운찬 남성기를 당당하게 짊어진 모습에서 모계사회의 종족번식에 대한 깊은 열망과 깊은 성찰이 살아있는 듯 느껴진다. 어쩌면 신성의 한 컷일 것이다. 거포(penis)를 짊어진 여성상(반직립) 페니스의 귀두부분이 예쁜 버섯처럼 포경이 잘되어 있다. 마치 잘 발기된 듯한 거포(Penis)를 등에 업기라도 한 듯이 짙어진 여인의 모습이 대단히 해학적이다. 고대인들은 과연 무엇을 말하고 싶었을까? 모세혈관이 일시에 일어선 듯 멋지다. 총궐기 하듯 당당히 일어선 거포(Penis)의 모습 속에서 건장한 사랑의 내재율이 춤추고 있음을 본다.

무더운 여름날의 아이스크림처럼 달달한 본능과 얼음처럼 차가운 신성이 한 컷의 무지갯빛 내재율의 신비감을 우려내는 모습이랄까?

상상하기조차 버거운 여인의 표정이 남다르다.
정말 멋진 조각상이다.

거포를 소유한 남성 도깨비상이다. 그러나 머리 부분도 뿔이 아닌 남성의 그것이다.

어차피 도깨비는 허상이다. 그러나 머리 부분도 뿔이 아닌 남성의 그것이다. 어차피 도깨비는 허상이다. 형상이 없는 음기의 산물이라고 볼 때 이토록 대단하게 표현된 남성의 상징 역시 상상 속의 형체에 불과한 것일까?

그러나 여기에 실물이 있지 않는가? 이토록 거하게 표현된 거포는 진정 무엇을 의미하고자 했던 것일까? 단순한 종족번식의 기원(?) 그뿐만은 아닐 것이다. 그들이 순수의 시대에 느꼈을 그들만의 진정한 리비도가 폭발 직전의 이런 모습을 상상케 한 것일까?

랑데뷰를 하듯 오랜 시간 홍산 옥기와의 만남을 즐겼다. 인류 문명 시원의 역사를 찾아서 말이다.

故김희용 선생과 이선용 의원과 오정상사 이응규 대표, 전업작가 오경덕 화백, 송민준 대표와 임도홍 대표, 박태수 대표, 서양화가 박윤기님, 장원 갤러리 김학종 대표와 상주 문재인 회장을 만난 것을 내 생애 가장 보람있는 일들이었다.

이 모든 것들이 주마등처럼 눈앞을 스쳐간다.
특히 육형근 대표와 김성종 대표 그리고 출판사 박윤기 화백님의 깊은 배려가 아니었으면 이 책이 인류는 어떻게 역사가 되었나의 기사에 빛을 볼 수 없었다. 또한 생면부지의 나유신 박사님과 환단 고기의 안정전 님께 깊이 감사의 마음을 올린다.

마지막으로 늘 내 가슴 한 편에서 짠한 가슴을 졸이게 했던 사람 이 세상에서 나와 함께 라면을 제일 많이 먹어준 사람 아내 최영순 대표께도 감사드린다.

고궁 갤러리에서 2020년 7월
전인철 드림